HYGGE

北欧が教えてくれた、「ヒュッゲ」な暮らしの秘密

シグナ・ヨハンセン

日本文芸社

もくじ

この本のレシピについて

○卵はM玉（正味約50g）を使用しています。
○バターはとくに記述のない場合、有塩を使用しています。
○打ち粉はレシピの材料にある粉を使用してください。
○大さじ1＝15㎖、小さじ＝5㎖です。
○オーブンはあらかじめ設定温度で予熱しておきますが、季節や環境、オーブンの機種によって、焼き時間や温度、仕上がりに違いがでます。様子を見ながらお使いの機種にしたがって加減してください。電子レンジを使用する場合も機種によって加減してください。
○そのほかの機材についても、季節や環境、お使いのメーカーによって仕上がりに違いがでます。様子を見ながら加減してください。

※写真にはこの本でつくり方を紹介していない料理やドリンクが掲載されている場合があります。

ヒュッゲの世界へようこそ

さあ、どうぞくつろいで。コーヒーかウイスキーを手に、この本と一緒にしばらくだれにもじゃまされない場所へ。北欧の「ヒュッゲ（Hygge）」の世界が待っています。

ヒュッゲとはじめて出会う方もいらっしゃるのではないでしょうか。

ヒュッゲとは、デンマークとノルウェーの「居心地のよい雰囲気」というニュアンスを伝える言葉。「仲間との絆」や「思いやり」も意味します。気づきが自分の内面に目を向けることなら、ヒュッゲは自分の外面、人とのつながりやまわりのものに目を向けること。自分の人生や人とのふれあいにおける、ささやかなできごとによろこびを見いだすことです。

多くの人々が北欧の暮らしにあこがれるのは、無意識のうちにヒュッゲを感じているからでしょうが、実は、北欧といってもフィンランドやスウェーデンには、ヒュッゲという言葉は存在しません。

しかし、北欧各国に共通する点が多いため、この本では、北欧全域にこの言葉をあてはめ、豊かな暮らしの秘密を探っていきます。

ヒュッゲは人生に不可欠、でも完璧で特別なことではない

近年、北欧諸国は、生活の質や豊かさに関する世界ランキングでたびたび上位に名をつらねていま

すが、この結果に、北欧の人々はちょっと困惑して笑いにすることもあります。

北欧といえば、いまだにステレオタイプなイメージが根強く、だれもが金髪で、ニシンの酢漬けとミートボールが好きで、家のインテリアは白でさわやかに統一され、服の色は決まってグレーのモノトーン、コーヒーはリットル単位で飲むという印象のようです。

さすがにコーヒーの話はおおげさですが、コーヒーの消費量は世界的に多く、北欧人にカフェイン好きの傾向があるのはたしか。暗くて寒い日のつづく気候が、そうさせているのかもしれません。

でもこうしたイメージばかりが北欧の暮らしだと誤解しないで。人々の生活はヒュッゲそのもので、北欧のよさがつめこまれています。そして、だれの人生においてもヒュッゲは必要でしょう。

ヒュッゲは、完璧なものでも特別なものでもありません。人間に完全なものなどないのですから。

しかし、北欧には生活に対してほかの地域と異なるヴィジョンがあるように感じています。

そこで、この本では北欧の生活の営み方もご紹介します。北欧の暮らしをあがめるのではなく、人生を最大限によく生きるための手軽な手引きとして、まねたい点があったらとりいれてみてください。

ヒュッゲには厳格なルールはなく、だれでも自分の生活にとりいれることができます。

食も大切なエッセンス、ただし無理は禁物

食べることは、アクティブな暮らしや日々のささやかなよろこび、そして人との交流において大切

な要素で、ヒュッゲのかなめのひとつでもあります。

この本では、食べることや人が集い語らう団らんについてもふれ、手軽につくれて北欧らしさを感じられるお菓子や料理もご紹介します。

すべて手づくりの料理やお菓子をふるまえたら、これほどすばらしいことはないでしょう。でも、がんばりすぎないで。忙しい現代社会においては、おもてなしの心があれば、ライフスタイルにあわせてシンプルに準備して、もてなせばよいのです。

昨今、わたしたちは物事を意味もなく複雑にしがちで、食に関しても同じことがいえます。また、情報にまどわされたり、ほかの人の目を気にしたりしないように。いかなることでも、自分らしさを失ってしまうような誘惑にはきっぱりノーといいましょう。きっと気が楽になるはずです。

自然をうやまい、いつでもどこでもアクティブに

北欧の人々は自然に身をまかせ、自然の歩みに従うのみ。自然に畏怖の念を抱き、敬意をはらい、ふれあうことを忘れません。悪天候でも自然のなかにでかけるのはそんな理由からです。

北欧の人々にとって、アクティブであることは生きること。だから、室内と同じくらい野外でも時間を過ごします。ヒュッゲとは、キャンドルをともしておいしいケーキを囲み、ソファでくつろぐことでもありますが、そればかりを意味しません。実際のヒュッゲは、アクティブなものです。

しかし、過酷なレースや気のすすまないスポーツへの参加をうながしているのではありません。自然のなかで冒険をするのは、スポーツジムに義務的に通うよりも断然すばらしいことですが、都会のなかでアウトドアを追求するのは厳しいもの。わたしが現在暮らすロンドンでは、生まれ育ったオスロのように外で遊ぶのは簡単ではなく、仕事帰りにちょっとスキーなんてことは不可能です。人生を最大限によりよく生きたいと願うなら、日々をアクティブに過ごしましょう。最近の研究によると、体を動かさないのは肥満よりもずっと健康をそこない、寿命を縮めるのだとか。北欧で体を動かすのはよいスタイルづくりのためではなく、いつも気分よく過ごすためなのです。

暮らし方、考え方はシンプルに

ヒュッゲの基盤は、シンプルさ。北欧の人々は、なにごとにおいても余分なものをそぎ落とし、すべてをベーシックなものに立ち返らせたいと考えています。日常のプレッシャーから離れ、人生を最大限にたのしむために時間とエネルギーを解放しましょう。ヒュッゲの中心にあるのは、地上でのかぎりある命を最大限にたのしむこと。そして、自分やまわりの人たちへのいたわりの気持ちです。住む国や場所は違っても生活にヒュッゲを少しとりいれると、だれもが少しハッピーになれると、わたしは信じています。

さあ、ヒュッゲな暮らしをはじめてみましょう。

第1章

大自然にいだかれて

北欧の暮らしは、美しくも厳しい自然とともにあります。自然と一緒に歩みを進めながら、どのようにしてヒュッゲの考え方が生まれ、豊かに暮らす工夫や知恵がはぐくまれてきたのでしょうか。詳しく見ていきましょう。

心に幸せを運ぶもの

自然や家族とのつながりを感じさせる香り

今、わたしの部屋には、わが家でずっと愛用しているエッセンス、フローリスのリリーオブザバレー（スズランのバスエッセンス）が香っています。

華やかに立ちのぼるトップノートから繊細で清潔感あふれるスズランの香りへとつづき、ムスクの魅惑的な香りがゆったりと広がって、まるで春の気配。

香りを記憶とたのしむささやかな贅沢です。

心を満たす自然や家族との思い出

アメリカの作家のダイアン・アッカーマンは、『「感覚」の博物誌』で「嗅覚は五感のなかでもっとも直接的なもの」と語っていますが、香りはノスタルジックな記憶を呼び覚ます力をもっています。

リリーオブザバレーの清々しく透明感のある香りは、わたしにとって、よい香りに包まれる以上のよろこび、自然とのつながりを確認するすべ。スズランは、幸福に満ちた愛しい時間と結びついています。

移り住んだロンドンでのせわしい生活のなか、この香りがオスロの少女時代に父とスズランの森を訪れたできごとをよみがえらせ、いくど救われたことか。

幼いころ、険しい山道を進み、可憐に咲くスズランのじゅうたんを見たとたん、心が一気に晴れたのを覚えています。スズランは愛すべき小さな花でした。母がみずからの結婚式のブーケにスズランを選んだのも、きっと偶然ではないでしょう。

だれにでも香りの記憶があると思いますが、自然のなかで多くの時を過ごす北欧の人々のDNAには、深く織りこまれているのです。

自然に身をゆだねる

厳しい自然と歩んで生まれたヒュッゲの思想

北欧では自然がお手本。自然とともに歩んでいます。食、デザイン、建築、そして民主的な政治思想にいたるまで、北欧の文化は、自然と自然の力に対する深い敬愛の念にもとづいています。

長く暗い冬と闘うより、寒さをどう受けいれ、どう備え、どう過ごすか、工夫することを選んだのです。

ヒュッゲとはベーシックに立ち返ること。なにが人生において大切で、豊かであるかを問いつづけてきた答えです。北欧の人々が自然や季節とどう関わっているか、それらがアイデンティティーの形成にいかに重要かを理解すれば、ヒュッゲや北欧の暮らしを完璧に理解し、実現することができるでしょう。

自然を理解し、自然に寄りそう工夫や知恵が、キャンドルをともしておいしいケーキを囲み、美しいインテリアのなかでくつろぐ、といった日常を豊かにする習慣を生みだしたのです。

フリルフスリフの精神

「フリルフスリフ（friluftsliv）」の精神もまたヒュッゲの重要な要素。「自然のなかで、ありのままに生きる」ことを意味し、ノルウェーの劇作家ヘンリック・イプセンが1859年に発表した詩『高原で（På Viddene）』ではじめて用いたといわれています。

この寂しい山あいの農家で
わたしは豊かにとらえる
炉辺《ろへん》と食卓、
そしてフリルフスリフが
わたしの心のうちにある

この詩でイプセンが伝えたかったこと、北欧の人々が思い描くことは、自然のなかに安らぎをもとめたいというあこがれです。

人里離れた山小屋での暮らしは、世界共通、人の心のうちにある原風景でしょうが、北欧の国々では法律で自然のなかを歩きまわる自由が認められています。

イギリスの作家ロバート・マクファーレンは『いにしえの方法、歩き旅（The Old Ways:A Journey on Foot)』のなかで、次のように述べています。

「北欧の人々の自然享受権という慣例がうらやましい。この法律は、数世紀にもわたる封建制度を経験することがなかったために、地主階級に代々服従することがなかった地域で生まれた。市民は害をおよぼさないかぎり、未耕作の土地をどこでも歩くことができる。また、たき火をしたり、ほかの人の敷地内で野宿をしたり、花や木の実や果実をつんだり、川で泳げる」。

自然享受権とは、自然と親しむのは基本的な人権であるということ。だれにでも許されている恩恵です。自然のなかに身をおくために、なにかをする必要はありません。大自然のなかではだれもが平等です。

北欧人はこれを誇りに思い、フリルフスリフへのあこがれ、つまりは自然のなかにいることへのあこがれこそがアイデンティティーの核をなすと考えています。よって北欧の人々にとって、現代生活の喧騒から離れ、自然のなかで考えごとをしたり、全体を見渡す感覚をやしなうことが大切なのです。

自然に癒しをもとめるのもヒュッゲの大切なコンセプト

国連の報告では現在、世界の人口の半分以上が都市に集中し、30年後にはさらに増加するとのこと。都市での暮らしは、文化、経済をはじめあらゆる面で利点が多いため、人口が集中するのは理解できるものの、一方で心や体におよぼすさまざまな弊害が明らかになってきています。

わたしも、ロンドンで10年ほど暮らす今、時折、体が悲鳴をあげそうになります。車やサイレンのけたたましい音、騒々しいデモ行進、せわしい通勤タイム、疲れきった人々など、ストレスフルなものに遭遇するなかで街から逃げだしたいレベルに達するのです。

こうした都市生活に顕著な日常のわずらわしさや、携帯やソーシャルネットワークの発達によって高まるばかりのデジタル依存から自分を解放するには、大自然のなかに身をおくのが一番。精神的にも肉体的にも健やかさをとりもどせます。

ノルウェーに住んでいたころは、森に花をつみにいったり、クロスカントリーをするなど、日常のプレッシャーから解放され、息抜きできる時間がありました。

オスロには身近に水晶のようなフィヨルドや美しいスキーコースがあり、北部には広大な森林地帯が広がっているため、簡単にひと息つけたのです。

ほかの北欧諸国も同じような環境にあり、この点だけ見ても生活の質をあげる大きなポイントでしょう。そして、ヒュッゲの重要なコンセプトでもあります。

『幸福な街（Happy City）』という本には、コペンハーゲンは都市計画のお手本であり、住民の要求を考慮した街づくりが行われていると記されています。

その最たる例が自転車専用道路。コペンハーゲンの人々が、街をサイクリングしながらおしゃべりするのが大好きなことから、市は専用道路をつくりました。

このようなこだわりが、よりいっそう住みやすい場所を生みだしているのでしょう。

自然は癒しを与え、人生の真理を示してくれます。不安やストレスで心がくもったら、森のなかを散歩したり、海辺を歩いたり、山でハイキングをしましょう。ブランドのバッグを買ったり流行のアイテムを手にいれるよりも、心は満たされるはず。

心を穏やかにする自然のセラピー

認められた自然の癒し効果

だれもが自然のなかで過ごす心地よさを体験したことがあるでしょう。近年、専門的な研究からも大きなヒーリング効果があることがわかってきています。

イギリスの精神科医であるマーティン・ジョーダンは、「エコセラピーは基本的に、自然や自然環境のなかにいることのヒーリング効果や精神的な利点を意味する。20世紀前半、自然と精神衛生との関連がとりざたされるようになった」と、エコセラピーとして学術的関心が高まった経緯を明らかにしています。

さらに2015年、スタンフォード大学の研究調査チームは「自然とふれあうことで、脳の前頭葉前部皮質の働きが弱まり、反復思考が少なくなる」という論文を発表し、自然の豊かな環境でウォーキングをするとネガティブな思考が減ると述べました。

自然の「促進力」というパワーについては完全にわかっていないものの、科学者や医療の専門家は、自然のなかでもっと過ごすようにすすめています。

わたしが自然に魅了されるのも、リラックスできてニュートラルな自分になれ、新しい目的意識や癒しをもたらしてくれるからです。

ガーデニングなど身近なことからはじめてみる

人間の心や体は、本来自然と密接に関係しています。自然環境に関心をもち、未来のためにできることがないか考えてみましょう。

すぐにはじめられそうなのは、ガーデニング。多くの医師が、健やかな心と体のためにガーデニングをすすめています。イギリスの『ガーディアン』紙によると、庭師たちを調査した結果、土いじりが免疫力を向上させることがわかったのです。

もしくは、地元の庭園や自然保護区の環境を守るボランティアに参加するのもいいかもしれません。

庭や公園の木を自分の子どものように大切にしてみたり、自然との正しい関わり方を教えてくれる地域主催の活動に参加してみたり、一歩前に踏みだせば、少しずつ状況はかわっていくでしょう。

自然が身近にないのなら、自然をテーマにした絵や映像を観るだけでもリフレッシュできます。

アメリカの作家で博物学者のヘンリー・デイヴィッド・ソローは、健康とリフレッシュに関するエッセーを書いています。

入院患者のうち、外の木々を眺めた人は、壁だけ見て過ごした人よりも格段に早く回復し、滝の写真や動物の赤ちゃんの絵、窓の外の木立ちの景色でも、自然には魔法のような治癒効果があるのだそうです。

だれもが受ける癒しの恩恵

また、イギリスのメンタルヘルス関連の慈善団体マインドとエセックス大学の研究によると、エコセラピーは心身ともに健康なわたしたちにも効果的で、みんなに心の元気をもたらしてくれるのだとか。

自然のなかで過ごすと、自己肯定感が高まる、より健康になれる、社会での孤立感が弱まる、精神的に問題を抱えた人の社会復帰に役立つらしいのです。

そしてもうひとつ、子どもに対する効果が明らかになっています。

自然のなかで過ごす時間の多い子どものほうが、学校での集中力が高まり、成長期によい習慣が身について行儀がよく、クリエイティブな力がのびるそう。

木登りでも、木をハグするのでも、できるだけ多く自然のなかで過ごすことで、わたしたちはみな恩恵を受けられるのです。

シンプルに暮らすということ

たのしむときはとことんたのしむ

北欧の人々は自然のなかにいるのが大好き。天気や季節を気にすることなく、昼も夜もできるだけ外で過ごします。自然と常に関わっていたいのでしょう。

冬にはスキーやスケート、ソリで思いっきり遊び、家にもどるとコトコト煮た豚バラ肉の煮こみや、焼きたてのカルダモンツイスト、ホットチョコレート、カクテルを味わい、くつろぎます。

夏には太陽が沈まない白夜が訪れ、魅力がいっぱい。一日中太陽の光を浴びた香り高いベリーや、インディゴ色に揺らめくフィヨルドなどに囲まれ、森でハイキングをしたりゲームをしたり、夏の豊かさを満喫するために長い冬が必要とさえ感じられるほど。

真夏になると人々の熱気は高まり、多くの時間を野外で過ごします。火をたき、花をつみ、パーティーに集います。

冬を乗り越えたこと、短い夏を思いきりたのしむことを祝う夏至祭は、クリスマスと同じくらい盛大。

ノルウェーの画家ニコライ・アストラップは、夏至祭のつきることのないエネルギーを、深い緑の山々、燃えさかる炎、集い踊る人々に投影させ、色鮮やかな筆致で描きました。この真夏の熱狂に、ノルウェーの、ひいては北欧の人々の本質を表現したのでしょう。

100年ほどたった今もその風景はかわらず、たいていの北欧人に真夏の日のすてきな思い出があります。

わたしの場合、昼は森のなかで隠れんぼをしたり、ノルウェー西部のオーランド渓谷の秘密の場所で野いちごをつんだり、花で冠をつくって髪に飾ったり、冷たくて気持ちのよいフィヨルドで水遊びをしたり。

夜は友だちや親戚とホームパーティー。フィヨルドで捕まえたザリガニをバーベキューにする父、地元産のマスを次々とおろして新鮮なバターでソテーする祖母、テーブルのセッティングやつんだばかりのベリーでデザートづくりの手伝いをするわたしたち子どもと、家族総出で準備し、大人も子どもも一緒になって長い夜のパーティーをたのしみました。

たのしむときはとことんたのしむ、それがヒュッゲの精神です。

自分の思い描く豊かさによりそい、自分に正直に生きる

北欧の暮らしはとてもシンプル。人々は自分でなにかをつくり、健全な幸福としての食をわかちあい、よく食べ、天気や気候に左右されず、いつもアクティブ。そして家族や友だちと集う時間を大切にします。

おいしいペイストリーやケーキ、キャンドルの明かりやくつろぎの家具をもとめるのはこのためで、自分のイメージする豊かさを持続可能な方法で実践し、健康的に暮らしているだけ。それがヒュッゲなのです。

だから、極端なデトックスや厳しい食事制限はナンセンス。体や人生について悩んでいたって健康にはなれないというのが考えの根底にあります。

また、心にゆとりをもち、ささやかでも満足やよろこびを得たら自分をほめる、ほかの人に仲間意識をもつというように、北欧では自分とほかの人を大切にします。「わかちあうことは、思いやること」なのです。

また北欧の人々は、ヴァイキングの歴史や北欧神話から、人生は過酷で未来はわからないものだと学び、今をシンプルにとことんたのしむ民族に進化しました。

だからこそ、スポーツジムで運動をするより外の空気を吸い、カロリーを気にせずにおいしいものを食べるのです。バター、チョコレートもいといません。

しかし、甘いものを食べたら必ず体を動かすというように、バランスをとることも忘れません。

アウトドアでヒュッゲをたのしむ

アウトドアにでかける前に

これまでインドア派であったものの、ヒュッゲな暮らしに興味をもち、北欧の人々のように外での時間をたのしみたいという人に出会うことがあります。そんなアウトドア初心者のみなさんのために、基本からお話ししましょう。

まずは目的地を含め、下調べを万全に。そして次のものを中心に必要なものを準備。でかける前には、必ず天気予報をチェックします。

∞上からはおるもの
夏でも必須、気候にあわせて選んで。
∞靴底にすべりどめのあるアウトドアシューズ
山道ですべって転ばないよう頑丈で快適なもの。
∞リュックサック（丈夫な防水タイプが理想）
∞レジャーシート
ピクニックでないなら上着をかわりにしても。
∞お弁当やお菓子
∞ドリンク（魔法びんタイプの水筒が理想）
∞フル充電した携帯電話やスマートフォン
∞スイス・アーミーナイフ

自然のなかでのティータイムも格別

自然のなかでハイキングやスポーツをたのしむのはもちろんですが、食もヒュッゲの大切なコンセプト。外の新鮮な空気のなかで思いっきり遊んだあとは、バターをぬってチーズとハムをたっぷりのせたシンプルな味わいのパンが一番。おいしさに感動します。

わたしの育ったノルウェーの定番サンドイッチは、厚切りパンにチーズやハムをのせただけの簡単なオープンサンド、マートパッケ。

これはアウトドアのサンドイッチとしてもベストで、水分の多い食材やマヨネーズ、クリームなど、いたみやすい食材は不向きです。クーラーボックスをもっていかないならシーフードもさけましょう。

マフィンやカルダモンツイストなど、お菓子をもっていくのもおすすめ。ドリンクは、魔法びんならあたたかいものを。自然のなかでのティータイムは格別でたのしいアウトドアを演出してくれます。

自然のなかで味わえば一生の思い出に

オスロでの子ども時代、スキーレースのあとはいつもカルダモン風味のペイストリー、オレンジ、そしてジュースでした。

自然のなかで味わうものはどれも期待を超えるおいしさで、よい思い出として胸にきざまれるはず。

アウトドアクラブに参加しても

アウトドアはみんなで協力して行うことが多いもの。アウトドアにでかけてみたいけれどひとりなら、アウトドアサークルや公共のイベントに参加してみてはどうでしょう。

休みになったら癒しの旅へ

すでにお話ししたように、自然のなかで過ごすメリットは多く、この認識は高まるばかり。

ドイツには、「遠いところへ旅にでる（Wir fahren ins Blaue）」という言葉があります。旅に目的地や明確な目的はなく、ふらりとでかけて、風景をめでるうちに、なにかを発見するという意味です。

休みになったらできるだけ街を離れてみては。小さな旅で十分。未知との出会いをたのしんでみて。

がんばらなくても大丈夫、散歩でもＯＫ

自然のなかで過ごすことが心や体によいからといって、なんとしても外へでかけようとする必要はありません。無理をするのに慣れてしまった人のなかには、トライアスロンや過酷なレースに参加する人もいます。しかし、がんばる必要はありません。時間にも余裕がないなら、緑が豊かな場所を散歩するだけでもいい。

ロンドンの冬も厳しく、寒い日がつづきますが、わたしは近所の公園を散歩する日課をかかしません。

真冬の霧雨が降る夕暮れどきでも、ウールのジャンパーをはおり、大判スカーフとあたたかいコートに身をくるんで、ラッセルスクエアにでかけます。

歩くうちに、ほおが気持ちよく紅潮して気分が落ち着き、頭もすっきりしてきます。考えごともすんなり整理できてまとまるような。おまけにわたしの場合、夕方に新鮮な空気にふれるとよく眠れるようです。

アウトドアは子どもたちともたのしんで

ノルウェーの幼稚園では野外学習の時間があり、身近な植物や野生生物について学びます。

自然のなかにでかけたら、子どもに草花や木、地理に関する質問をしてみて。探究心が旺盛な子どもにこそ、野外体験や自然にふれる機会が必要です。

自然は子どもたちに共生や環境との関わり方を教えてくれます。

そしてアウトドアにでかけるときには、画用紙とクレヨンも忘れずに。

これらがあれば、子どもたちは自発的に、クリエイティブに探求しはじめます。模様や色彩など、自然の織りなす美しさをあっというまに吸収するでしょう。

子どもをどんどん外に連れだしましょう。リスクと冒険心、そして恐怖心と立ち向かう強さを教えてあげて。それが北欧のやり方です。

ヒュッゲを日々の暮らしに

自然を感じられるSNSをフォロー

お話ししたように、自然をテーマにした絵や映像を見るだけでもリフレッシュできます。

ソーシャルネットワークを使っているなら、自然やアウトドア、ガーデニング、ランドスケープ関連のアカウントやコミュニティー、フォトグラファーやライターをフォローしてみては。

最近わたしも、インテリアやアウトドア、植物関係のアカウントを意識的にフォローして見ています。

自然が好きなら、多肉植物やオーロラなどの写真を眺めるほうが、ファッショニスタのコーディネート写真を見るより気分がよくなるかもしれません。

部屋のなかにも自然をとりいれて

ヒュッゲスタイルの部屋づくりをするためには、まず、じっくり時間をかけて家のなかをチェックします。

このあとの6章で、もっと詳しくお話ししますので、ここでは簡単にポイントをご紹介しましょう。

∞愛すべき大切なものだけにする

自分に必要か必要でないか瞬時に判断すること。不要と決めたら迷わずすてるか、リサイクルへ。散らかった部屋は心の乱れを招くだけ。心を鬼にしましょう。

∞身近なところに緑をおく

自宅から余分なものを断捨離し、本当に愛すべき大切なものだけにしたら、いろいろな種類の植物の鉢植えをそろえてみては。

アメリカのNASAが発表した室内の空気を浄化するエコプラントもおすすめ。

○シンノウヤシ
○セイヨウタマシダ
○オリヅルラン
○アグラオネマ属
○チャメドレア属
○ベンジャミン
○ポトス
○オオベニウチワ
○コヤブラン
○ガーベラ
○セイヨウキヅタ
○キク
○サンスベリア・ローレンティー
○ドラセナ・マルギナータ
○スパティフィラム・マウナ・ロア
○ネフロレピス
○カンノンチク
○ドラセナ・フラグランス
（ドラセナ属、幸福の木など）

∞花を飾る

週に一度、生花を買ってきたり、庭や道端に咲く花をつんで飾ってみましょう。

一緒にグラスいりのミニキャンドルを飾れば、家のなかにヒュッゲな雰囲気が生まれます。

ひとつの花か同系の色調でまとめて。

∞インテリアの色をアースカラーに

スタイリッシュな北欧風インテリアのベースをつくりたいなら、シーグリーン（ビリジアン）。

そしてブルー、グレー、ナチュラルなスレート（青ねずみ色）、またはブロンドの、アースカラーをプラス。

簡単にヒュッゲの雰囲気をつくりだせます。

まとめ

北欧では、自然に深い敬愛の念をもち、自然に寄りそって暮らしている

∞フリルフスリフの精神で、自然のなかでありのままに生きることを誇り、シンプルに暮らす。

∞厳しい自然と向きあう工夫と知恵が、食、デザイン、建築、思想などすべてのベースになっている。

∞自然からの恵みに感謝する。ほかの人とわけあう気持ちを大事に。


自然は、人生でなにが大切で豊かなことかを教え、癒してくれる

∞家族や友だちと、あるいはひとりで自然のなかで過ごしてみて。

ブランドや流行のアイテムを手にいれるより満たされるはず。

∞自然に身をまかせ、考えごとをしたり、自分と向きあう静かな時間も大事にする。

∞まわりの人を大切にして、ささやかな満足やよろこびを見つける。

∞今を大切に、たのしむときはとことんたのしみ、食べたいものを食べる。バランスもとって。


ヒュッゲな暮らしは、世界中どこにいてもできる

∞いつもアクティブに過ごす。

∞ガーデニングや散歩など、身近なことからアクティブに動く。時間があればアウトドアへ。

∞花や植木を飾ったり、インテリアにアースカラーを加えたり、暮らしに自然をとりいれる。

12

第2章

アウトドアのたのしみ

自然に寄りそいながら生きてきた北欧の人々は、アウトドアに対して独特の価値観をもち、季節を問わず、外で多くの時間を過ごします。どのようにアウトドアをとらえ、たのしんでいるのか、お話ししていきましょう。

アウトドアのすすめ

アクティブでいることは生きること

北欧の人々がどのように自然と共存しているのか、自然と人々との関係や距離感について理解が深まったのではないでしょうか。

もっとも重要なことは、一年中いつでもどこでもアクティブであること。それこそが、北欧の人々にとって生きることを意味します。

北欧の人々は気候や季節に関係なく外にでかけ、家のなかと同じくらいの時間を過ごします。

ノルウェーの探検家であるフリチョフ・ナンセンが語ったように、北欧の人々は自然のなかでなにかをしているときにこそ、神や人生の意味をはじめさまざまなことについて考えたり、ものごとを広い視野でとらえたりすることができるのです。

冒険にでかけよう

ヒュッゲの重要な要素、フリルフスリフの精神（13ページ）で、自然のなかでアクティブに過ごせているなら、それは無理をしてスポーツジムに通うよりもずっとヒュッゲな暮らしといえるでしょう。

多くの研究から、室内より外にでて自然のなかで体を動かすほうがよいことがわかってきています。外で過ごすとストレスが軽減される、日光を浴びるとビタミンDの生成が促進される、野外で筋肉を収縮させると脳はポジティブ思考に向かうといった効果が明らかになりました。

心身ともに健康であるためには、ありのまま自然に身をゆだねるのが一番よいのです。

現代になって科学が発達し、ようやく証明されたことを北欧の人々はずっと実践してきました。

ノルウェーにはこれを、無意識のうちに知っていたのではと考えずにはいられないことわざがあります。

散歩は怒り知らず（Ut på tur, aldri sur!）

アウトドア志向は、北欧の人々のＤＮＡに深く刷りこまれているのでしょう。はるか昔、２５０年ほどにわたって西ヨーロッパ沿海を侵略していた海賊、ヴァイキングの血がそうさせているのかもしれません。

しかし、アクティブでありたい、冒険にでかけたい、世界を探検したいという衝動は、そもそも人間の本質的な欲求ともいえるのではないでしょうか。

自然のなかで心と体の元気をチャージ

ヒュッゲな暮らしをしているからといって、病気とまったく無縁ということはありません。

北欧にも、がんや心臓病、糖尿病といった病気、そして肥満など健康をおびやかす問題が増加し、ほかの先進国と同じ状況にあります。違うのは、ヨーロッパ諸国と比べると北欧諸国では患者数が少なく、平均寿命が長いこと。比較的健康を維持できていることです。

外にでて自然のなかで、新鮮な空気を吸って元気をチャージしたり、静かに黙想したりすることが、この地域の人々の健康と長寿に結びついているのでした。

現在、世界では歴史上かつてないほど、多くの人が都会に住んでいます。そしてそのほとんどが、簡単に自然とふれあえない環境にあります。

自然のなかでアクティブに行動する北欧スタイルは、いかに人生を謳歌するか、いかに健康でいるかについて根本的なことを教えてくれます。今、北欧のように暮らすことが、必要になってきているのではないでしょうか。

次のページから、北欧の人々がどのようにアクティブに暮らしているのか見ていきましょう。

体を動かす意味

女性もスポーツをたのしむ

北欧ではスポーツにおいてもみな平等。とりまく環境も世界のほかの国と比べると男女の差がないため、みな体を動かすことが大好き。

ただ、もちろん北欧でも、スポーツ熱が高くてスポーツをしていてあたりまえという地域がある一方、女性参加の少ない地域もあります。

体を動かすことにさまざまなメリットがあるといわれるようになった近年、スウェーデンではこうした地域差を改善しようと、女性のスポーツ参加を推進させるための政策を実施し、成果をあげています。

そして日々運動をする人の40%が女性となった今も、大事なのはたのしめるスポーツを見つけ、あらゆる意味で自信をもつことだと呼びかけています。

いつも自分らしくいるために

健康でありたいと願っても、体を動かすのはおっくうだという人は、北欧にだって根強くいます。だから、北欧の人々が体を動かすのが好きな理由は、ほかにもあるのでしょう。

スポーツジャーナリストのアンナ・ケッセルは著書のなかで、興味深いことを語っています。

「スポーツがたのしいものだと女性たちが認識したのは、機が熟したと考えるべきでしょう。つらくてやりたくない義務にしたり、うまくできないからといってコンプレックスに感じる必要はありません。スポーツは乱暴で激しいものではないのですから。それは穏やかで、リラックスさせてくれるもの。同時に、自分の人生をいかに生きるかを、より多く教えてくれるものです。また、チームプレイをとおして学んだ協調性やほかの人との連帯意識は、社会で暮らすうえで必ず役に立ちます」。

わたしもケッセルのように、はつらつとしたスポーツマンシップは、日々の暮らしで常に自分らしく元気でいるために、活用できると感じています。

アクティブな気持ちでいると、自然と胸をはって歩いていたり、堂々と人の目を見て話をしたりしていませんか。そう、自分に自信がもてるのです。

勝つことがすべてではない

北欧では、スポーツは勝つことがすべてとは思われていません。このことも北欧の人々がスポーツ好きであることの理由なのではないでしょうか。

北欧ではすべての競技が大きなニュースとなり、自国の選手が国際大会で勝利すればみな大興奮します。

しかし、負けても残念な気持ちにはなりますが、国家規模の悲劇ではなく、気をとりなおすべく外にでかけて忘れるようにします。

1994年のリレハンメル冬季オリンピック大会のできごともそうでした。

クロスカントリースキー競技のリレー種目で、ノルウェーチームは金メダルの最有力候補にあがり、スキーファンは大きな期待を寄せていました。

ところが、予想と期待に反してイタリアが優勝。ファンは驚いて大きなショックを受けたものの、世界のおわりという気持ちになったり、だれかを責めたてたりしませんでした。

スポーツは勝つだけがすべてではないと、だれもが知っているのでしょう。

メジャーなことだけに価値をおかない

北欧では、サッカーやラグビーなど、メジャーなものだけがスポーツではありません。北欧にはちょっとユニークな競技もあります。

それはフィンランドの「奥さま運び」。夫役の男性が奥さん役の女性を担ぎながら行う障害物レースで、ひとたびはじまれば、イングランドのグロスターシャー州、クーパーズヒルで行われる「チーズ転がし祭り」なみに大騒ぎします。

そう、ここがポイント。スポーツはもともと大騒ぎするほどたのしいものなのです。

北欧以外の人々は、競技が商業化・プロ化された結果、身近にある純粋にたのしいものであるということを忘れてしまったのではないでしょうか。

今日からでもはじめてみる

北欧の人々がスポーツ好きであることと、北欧の平均寿命が長いことは関係があるかもしれません。

若いときからコンスタントに体を動かしていれば、生活習慣に起因する病気に悩まされるリスクが減り、長寿につながることがわかっています。

また、ケンブリッジ大学の研究では、運動不足の体は肥満よりも健康をそこね、死亡リスクもより高くなることが報告されています。

つまり、体型やBMI（肥満指数）の数値に関係なく、長生きの秘訣は体を動かすことなのです。

しかし、今までまったく運動をしてこなかったとしても、あきらめないで。

アメリカでの最近の研究によると、ずっと運動をしてこなかった人が年をとってからはじめても、長生きする可能性はふえ、心の健康にも多くのメリットが得られるのだとか。

体を動かしはじめるのに、年齢は関係ないのです。

たのしんでいた競技をまたはじめたり、新たに興味のあるものにとりくんだり、そこまでいかなくても意識して体を動かすように心がけましょう。

ハッピーになれるものを見つける

たのしいという気持ちを大切に

伝統的なクロスカントリーやダウンヒル、モーグル、スノーボードなど、北欧といえばスキー。

北欧人はスキーをはいて生まれてくるといわれるほど、ごく幼いうちにスキーをはじめます。そしていつになろうと、コンディションが整ったときはいつでもスキーをはき、ゲレンデへ。

こうした光景を目の当たりにすると、スキーは一生たのしむものだと学び、そう信じるようになります。

北欧の人々にとって、真っ白なパウダースノーが積もったら、山が呼んでいる証拠。

父がスキーヤーのわたしも4歳で、スキー界のレジエンド、トム・マースタッドの学校にはいってスキーをはじめ、今もクロスカントリーをたのしんでいます。

こんなわたしにも、スポーツをたのしめなかった時期がありました。

わたしはスキー学校でクロスカントリーとダウンヒルをはじめたものの、ダウンヒルのレース中に、親友が木に激突して顔を強打したことがトラウマになり、そのあとすぐにダウンヒルをやめてしまったのです。

しかし、怖くなったことを認めるのが恥ずかしく、ノルウェー人にあるまじきことと、過ちを犯したような気がしてしまい、両親にも理由を話せませんでした。両親は突然のことで理解できなかったでしょう。

今になって思うと、なぜ恥じたのか不思議ですが、無理をするのはヒュッゲではありません。

気のすすまないスポーツはしなくていいのです。たのしいという気持ちを大切に、自分がハッピーになれるものを見つけるべき。

わたしにとって、それはクロスカントリー。地味でハードなだけという人もいますが、「たのしい」のです。

とても身近な狩猟と釣り

アイデンティティーの息づく伝統

コペンハーゲンの有名レストラン、ノーマのルネ・レドゼッピをはじめ、多くの料理人たちによって、北欧の人々が食材に対していだく情熱や、先人たちの工夫、知恵についてさまざまなことが語られてきました。

しかし、狩猟と釣りの伝統についてはあまり話題にのぼることがありません。北欧のアウトドアについて語るならはずせないテーマなのに。

北欧では狩猟と釣りは身近な存在で、アイデンティティーの核となる伝統。階級や富に関係なく、歴史をとおして生きる手段として行われてきました。

このためノルウェーでは、狩猟や漁業が許可されている区域は地価が高い傾向にあります。社会が狩猟や漁業を大事にしていることがうかがえる一例です。

北欧のアウトドアは生き方につながっている

狩猟をする人も、釣りをする人も、北欧諸国の政府が定めた規則にのっとり、生きものに最大限の尊敬をはらいながら、一年をつうじて狩猟や釣りをたのしんでいます。

わたしは夏になれば近くの川でマスを釣り、秋には野鳥やシカを狩りにでかけたものです。

スウェーデンの狩猟家で、『メール・オンライン』（イギリス最古のタブロイド紙『デイリー・メール』のオンライン新聞）の海外ニュースレポーターを務めるサラ・マルムによれば、スウェーデンでも同じように生きる手段として狩猟が根づいているそうです。

サラもわたし同様に、シカやヘラジカ、イノシシ、野ウサギなどの動物たちが、納屋に並ぶ光景をよく目にし、慣れ親しんで育ちました。

そんなサラにとって狩猟とは、獲物を狩る瞬間ではなく、その瞬間にいたるまでのプロセスなのだとか。

そして「日々の生活から遠く離れ、大自然のなか、静かに時間を過ごす大切なひととき。ときとして待ちぼうけのゲーム。動物を一匹も見ることなく、長時間腰かけていただけという日もあるけど、それだけで幸せな気持ちになれる」とのこと。

アメリカNBCテレビのコメディドラマで、ロン・スワンソンが「釣りでリラックスできる。まるでヨガのようだ」と語るセリフがありますが、サラも狩猟をヨガにたとえます。

狩猟や釣りをする多くの人々も同じように、瞑想に似た静けさを得られると、狩猟や釣りを行う理由を語ります。

サラが、父親の背中を追って狩猟ライセンスをとろうと決心したのには、もっと深い精神的な理由もありました。

「人間は自分が食べるものに責任を負うべき。狩猟することで、生きものが生まれ、肉となってわたしたちの口にはいるまでの過程を考え、知ることができる。命ある生きものの犠牲のうえに自分が生きているという事実を見つめることが大切」とサラはいいます。

北欧におけるアウトドア活動は、この狩猟のように、ときとしてスポーツの枠にとどまりません。

自然とともに生きる北欧の人々にとって、自然に敬意をあらわすことであり、生きものを食べるのは深い精神的行為だと認めることなのです。

このテーマをヒュッゲにいれるのは、もしかしたらちょっと違うのかもしれません。

しかし、ヒュッゲと北欧の生き方を理解することは、今日まで脈々とつづいている、この土地におけるさまざまな伝統を見つめること。

こうしたことを含めた歴史と伝統が、北欧独特のアイデンティティーをはぐくんできたのです。

北欧における体の価値

厳しい環境でもとめられる体

イギリスにきて暮らしはじめて、北欧人の体に対する考え方を意識しました。イギリスなど世界では、いかにスタイルよく見えるかが大きな関心事。太っていなくても太っていると感じると、自分の体だけでなく自分のすべてを恥じてしまうほどです。

しかし、北欧では価値は違うところにあります。長く厳しい冬を経験する過酷な環境では、生きる力が第一にもとめられ、強い肉体が必要とされます。

自分の体がどう見えるかなんて気にしない

数年前、US『ヴォーグ』の取材で、フィットネス競技のクロスフィットにおいて世界チャンピオンになったアニー・ソリスドティールに出会い、男性に負けない勇敢な戦士であったわたしたちの祖先、ヴァイキングの女性を思いだしました。

人類最強の女性の異名をもつアニーの強さと能力はけたはずれなだけではなく、実生活でも役に立ちます。加えて、「自分の肉体がどう見えるかより、自分の肉体ができることに集中するよう、女性や少女たちに伝えていきたい」と語った言葉に、ヒュッゲの本質を感じたからです。

スタイルをよくしたり、ダイエットを成功させるためだけに体を動かすなら、完全にまとはずれ。ボディイメージとメンタルヘルスに関する数々の研究が、自分の体がどう見えるかを気にするのは自己否定と不安におちいるだけだといっています。

さまざまなスポーツによって気分が高揚し、健全な体になれるのです。スタイルもよくなったら万々歳ですが、それを最終目標にしないようにしましょう。

心と体を解き放つ

まずは自分の体ができることを考える

体はバランスよく、実に精巧につくられています。

自分の体ができることを考えてみましょう。

自分の体が自由に動くこと、体ができることをあまりにもあたりまえのことに考えてはいませんか。

病気になってはじめて、自分の体に感謝するのは、だれにでも経験のあること。

自分の体や体ができることを信じ、いつもあたりまえのように動かしていられるためには、なにをすべきなのか今一度考えてみましょう。

「理想の体型」はアンチヒュッゲ

新聞や雑誌で読んだり、テレビで見た情報や健康グッズは、必ず体によい効果をもたらすでしょうか。

全世界のスポーツと健康産業は、今年、驚異の1兆ドルに達する見とおしだとか。厳格なダイエットはもとより、ずっと健康でいられる保証もない高価なサプリメントや健康グッズにお金を使う必要はありません。

体を自由にしてあげるのが一番。体ができることに誇りをもち、感謝して。

スリムな理想の体型なんて、完全にアンチヒュッゲな発想です。そうした考えを拒絶するだけで気分はよくなるはず。

あまりにも多くの人、とくに女性に、自分の体を否定する傾向が強く見られるように感じています。

自己否定したくなる広告を目にしたり、だれかがほかの人の体型を笑っていたら、「だからなんなの」と思えばいいだけ。それだけで気持ちは楽になります。

ネガティブ思考から自分を解放し、心と体を自由にしてあげましょう。

一番大切なもの

便利な仕組みが人をアンチアクティブに

車や電車、飛行機など人間の知恵が生みだした利器により、わたしたちの生活はとても便利になりました。

しかしその反面、体をあまり動かさなくなってさまざまなマイナスの面が生まれています。

とくに仕事に追われる都市の生活では、体を動かす時間がないばかりか、長時間すわることに慣れ、肥満をはじめ多くの健康問題をかかえてしまいました。

ロンドンではハイレベルな大気汚染も大きな問題になっていて、なにかと引きかえにわたしたちは便利さを手にいれていることがわかります。

あらゆることが便利になっているロンドンのような大都市では、なまけようという気になれば、いくらでもなまけられます。

わたしたちは自分をどんどんアンチアクティブにすることができるのです。

都市の暮らしにもアウトドアの精神を

「多忙な人ほど仕事をこなす」という格言のように、アクティブであるとよりエネルギッシュになれます。

ヒュッゲの哲学は、可能なときはいつでも外でアクティブに活動し、自然との関わりを大切にすること。

しかし、アウトドアにでかけるにはそれなりの環境が必要。都市での暮らしでもできるものを、自分のライフスタイルに照らしあわせながら考えてみましょう。

たとえば、わたしの場合、朝一番に近くの公園でヨガやストレッチを20分行ったあと、混んだ道路をさけながらできるだけ街を散歩するとか、天気のよい週末には、ロンドンの歴史的な公園、ハムステッド・ヒースか川沿いを長時間ウォーキングするとか。ときには体を動かすことにはかえられないと、スポーツジムで汗を流すのをよしとするとか。

外で体を動かすのが一番ですが、有酸素運動は脳内物質エンドルフィンの分泌をうながし、ストレスや都会暮らしですり減った心を元気づけてくれます。

また、スポーツジムでエアロバイクにのった経験が、外でサイクリングするきっかけになるかもしれません。自転車で外を走りまわるたのしさを再発見する、なんてこともありそうです。

アウトドアグッズを旅のおともに

旅にでるときも、事前に調べて基本的なトレーニンググッズ一式と水着やスウェット、ハイキングシューズなどをもってでかけるとよいでしょう。

体を動かすことができるだけでなく、旅行先でもいろいろなたのしさを発見できるはず。


わたしの場合、アイルランドのコークではカヤックに目覚め、ノルウェーのロロス近郊ではスリリングな犬ぞりを体験し、アーチエリー、柔道、カヌー、山登りなど、やってみたいことがたくさんでてきました。

不調なときこそ、北欧のやり方でリセット

これまでいろいろなお話をしてきたので、みなさんはわたしが常にアクティブで、一日の多くの時間をアウトドアにさいていると思っているかもしれません。

わたしにもアクティブに動けない日があります。

仕事に追われて体に不調をきたしたり、長時間の睡魔に襲われてどうしようもなかったり、スポーツとは無縁の状態がつづいてしまったり。

しかし限界まで追いつめられたとき、北欧のやり方にもどろうと決めました。

プレッシャーや不安でいっぱいだった高校生のころ、

外にでてひたすら歩いてストレスを解消していたことを思いだしたのです。

それはシンプルなことで、わずかなやる気と適切な服装しか必要としませんが、今、さまざまな研究からこの方法が正しいことがわかっています。

人はみな、人生のさまざまなポイントで試練に直面し、自分ではコントロール不能に思える状態を経験することがあります。そういうときこそ、立ちどまってリセットしてみましょう。

自分にあう体の動かし方を探す

先にふれたわたしの体の不調は相当なもので、外で自分なりに体を動かしても回復不能なレベルだったため、生体力学の専門家で健康とスポーツに詳しいトレーナーに個人セッションをお願いしました。

そして健康状態だけでなく、家族のことやライフスタイル、仕事の内容、仕事中にすわっている時間、食習慣、心の状態などに回答しながら、今後の目標を思い描いたり、どんな方法だったらつづけられるかを一緒に考えてもらいました。

そのとき学んだのは、一種類にしぼるより、多くのスポーツをたのしむほうがよいということ。

そして思い起こされたのが、ヒュッゲの教えでした。「アクティブであれ、外にいけ、体を最大限に生かせ」。体が許すかぎりアクティブに動けばいいのです。

すわりすぎの悪習慣にはまり、肥満や病気に悩まされ、状況を改善したいと考えているなら、興味をもった運動を試してみて。

ただし、なにが自分に向いているのか悩んだとしても、ブームなどにまどわされないように。

北欧風の生活を実践して豊かに暮らしたいのなら、自分の体に相談しながら、自分にあったものをアウトドアとインドアで見つけましょう。

まとめ

厳しい自然とともに暮らしてきた北欧では、アクティブであることが生きること

∞生きる力のある強い体が一番。心も体も健康であることが大事。

∞健康であるためには、自然に身をゆだね、
　アウトドアをたのしみながらアクティブに過ごすのがいい。

∞伝統の狩猟や釣りなど、アウトドアが生き方につながっていることも。

∞「理想の体型」はアンチヒュッゲ。自分の体がどう見えるかなんて気にしない。
　ネガティブ思考から自分を解放し、心と体を自由に。

ハッピーになれるスポーツをはじめよう

∞多くの研究がスポーツは体によいと実証。肥満より運動不足によるリスクのほうが大きい。

∞体を動かし、習慣づけるのに年齢は関係なく、いつはじめても体によい効果をもたらす。

∞体を動かしてアクティブでいると、自分に自信がもてる。

∞落ちこんだり、不調なときこそ、北欧のやり方でリセット。

∞たのしいと思えるものを見つけて体を動かして。

第3章

自立した暮らし

北欧では、厳しい自然と生きるために、知恵と工夫を身につけておく必要がありました。便利な時代になった今も、できることは自分でしたいと多くの人が考えています。自立した暮らしとはどんなものなのか見ていきましょう。

自立して生きるということ

受け継がれてきた自足の精神

北欧の人々がアクティブであろうとする背景には、自足の精神があり、ＤＮＡに深く刻まれていると感じています。

便利な現代社会において、わたしたちは多くのことを自分でする必要がなくなり、まわりには知らないことばかり。社会が進化し、細分化し、より専門化した結果、太古の人に比べると多くの能力を失っています。

自足しようとする人間の本質を理解するには、これまで祖先がどのように行動し、道具をつくってきたかを見ればよくわかるでしょう。

イスラエルの歴史学者ユヴァル・ノア・ハラリは著書のなかで、祖先が食料や道具とともに知識も探し、生き抜くために発展させてきたことを述べています。

食糧を効率よく調達するために、縄張りに関しての詳しい地図を頭にいれておいたり、植物の生長サイクルや動物の習性につうじていたり、どの食べものが有害で、治療にはどれをどう使えばいいかを熟知しておく必要がありました。

同時にだれもが石のナイフのつくり方や、裂けた衣服のつくろい方、獲物の罠のしかけ方、動物に襲われたときの対処法も心得ていなければならなかったとか。なん年にもわたる訓練と実践を経て、周囲の危険を察知する能力や知恵を身につけて自分たちを守り、数々の道具をつくりだし、厳しい環境のなかで生きのびるすべを手にいれられたからこそ、子孫を繁栄させることができたのです。

もし、わたしたちが、はるか昔のような厳しい状況下におかれたとしたら対処できるでしょうか。ほぼできないでしょう。

太古の人々は、試行錯誤を繰り返すなかで知識を広め、次の世代へと受け継いでいきました。

こうして自足の精神が脈々と受け継がれたからこそ、体系的に知識がつくりだされてきたのです。

まわりのことを知らずに生きるなんてもったいない

今のわたしたちはどうでしょうか。今を生きるうえで必要な知識と技術を身につけているでしょうか。

真夏に美しい景色の広がるアウルランド渓谷で、ハイキングをしていたときのことです。

あたり一面に咲き誇るさまざまな草花に目を奪われていると、一緒にでかけた従姉妹が、ラン、ブルーベリー、スズラン、猛毒のトリカブト、高山植物やシダ植物など、あらゆる草花の名前や特徴、効能について話してくれました。

植物学や園芸学を学んでいれば、豊富な知識をもっていて、それぞれの植物について理解できるでしょうが、そうでなければ、ふつうはただかわいらしいと感じるだけ。

彼女は知識を年配者から受けつぎ、まわりのものに関心をもって生活してきたのでした。知らないのと知っているのとでは、生活の豊かさが違います。

先にお話ししたわたしたちの祖先のようにはいかないまでも、まわりで育っている草花にさえ目を向けず、自分をとり巻く環境を知らずに生きるのはもったいないと感じたできごとでした。

ささやかなことから質の高い暮らしを

本当に体によい食べものはなにか、栄養価がもっとも高いものはなにかということは、今も昔もかわらない関心ごと。

先にお話ししたような植物の知識を身につけるのは

大変でも、身近なものについてはできるだけ知っておきたいところです。

わたしもＤＩＹや電気の配線、配管の仕組みについては、たいして詳しくありません。それでも自分で電球をかえられるし、部屋の壁をぬったこともあります。

暮らしに役立つスキルは、ヒュッゲな生き方をするうえで非常に重要です。生活のささいなことから自分でやってみませんか。

質の高い生活とは、初歩的なスキルを身につけて自立した暮らしをすること。

便利なやり方でその場をしのがずに持続可能な暮らしをしていきましょう。そうすれば、ヒュッゲな精神にもとづいた生活を送っているといえるのですから。

できることは自分でする、つくる

最近、ヒュッゲの本場ノルウェーでも、自分でなにかをつくりたい、クリエイティブなエネルギーを有効に生かしたい、自然に帰った暮らしがしたいという人が増加しています。

こうしたテーマの本がベストセラーになったり、デザイン・デュオのアルネ&カルロスが、編みものブームを巻き起こしたり。できることは自分でする、つくるというシンプルな暮らしが見直されています。

必要にせまられていなくても、なにかを自分の手で生みだすと満足感が得られるもの。便利な世の中になった今だからこそ、こうした満足感がもとめられはじめているようです。

学校でよい成績を収め、社会でキャリアを積むというストーリーもすばらしいですが、これからはみずからが意義や価値をつくりだし、ものごとをよりシンプルに追いもとめる時代になっていくでしょう。

自足の精神のもとに満たされる生き方をすれば、真の豊かさを実感できるはずです。

ヒュッゲな生活スタイル

今もとめられるスキル

北欧の自足の精神にもとづいた、だれにとってもプラスになる生活術といったらなんでしょうか。

今はそれぞれの分野に長けた専門家がたくさんいて、自分がすべてをわかっている必要はない時代です。

インターネットをのぞけば、木製家具のキズはくるみでこすって解決とか、トルティーヤチップスのドリトスで着火ができるとか、より実用性のある豆知識を含め、情報にあふれています。

そこでわたしは、絶対に知っておくべき生活術を5つ教えてと、仲間や友だちに聞いてまわりました。

ところが、返ってきたのはお金の管理法や貯蓄法ばかり。

経済的に不安定な世の中では、たしかにためになるアドバイスかもしれませんが、地図の見方のようなわたしが期待していた答えはでてきませんでした。

しかし、ほかの人と関わりをもたなくても暮らしていけるデジタル社会だからこそ、より必要になったスキルもあるでしょう。

たとえば、ほかの人に共感すること、人の話をしっかり聞くこと、うまくコミュニケーションをとること、目先の欲求に流されないことなど。

また外国語も実用的なスキル。わたしはノルウェー、イギリス、アメリカの3か国で育ったため、言葉の重要性を強く感じています。

さらには、これまでもお話ししてきたように、アウトドアにたのしみを見いだすのも、よい人生を生きるうえで必要不可欠なスキルです。

欲をいえば、体に関する基本的な知識をもっていれば万全で、情報化社会になるにつれて氾濫しつづけているあやしい健康情報にだまされる心配がありません。

ほかにも裁縫や水もれの修理法、時間をかけずに家事をこなす方法、服をいためない洗濯の仕方など、ささいなスキルがあってもいい。

そして社会にでてからも学びつづける力、これも重要なスキルでしょう。

料理はもっとも大切なことのひとつ

いろいろなスキルがあるなかで、だれにとってもプラスになるスキルといえば、まぎれもなく料理。

そして料理をつくるということは、愛情を示すことでもあり、人類の繁栄になくてはならないものです。

ハーバード大学の生物人類学者リチャード・ランガムは、人類の進化におけるもっとも重要な一歩が、料理に火を用いるようになったことだといっています。

その結果、動物のように一日中食べものを食べることなく、多くのエネルギーを吸収できるようになり、さらには余剰エネルギーも生みだせて、脳が発達したのでした。これほど料理は大切なのです。

一方でアメリカの作家マイケル・ポーランが強く主張しているように、人類は長い歴史をとおしてずっと煮炊きをし、煮炊きが料理を進化させたにもかかわらず、今は加工食品の登場で一から調理する必要がなくなりつつあります。

GPSやネット地図の出現で、人間が自分の感覚や判断力で道をたどる必要がなくなったように、便利なジャンクフードの普及は、食文化における最大の問題。

ちなみに北欧では今でも多くの人が、夏にはベリーや野草をつみ、秋にはきのこ狩りをたのしみます。ジャンクフードとは無縁とはいいませんが、自然の恵みに出会うことをよろこびとしています。

それは、料理がどんなにモダンに進化しようとも、北欧の人々の根本にあるようで、北欧料理の新しい流れ、ニュー・ノルディック・キュイジーヌ（新北欧料理）も、野生の食材を採集し、もち味を生かした料理をつくることをよしとし、伝統的な食文化の調理法に大きな関心をよせています。

北欧のシェフたちは、時代を牽引し、新たな食文化を生みだしながら、タラやサーモンの塩漬け法、ベリーや果実、野菜のピクルスのつくり方、パンの焼き方、発酵乳製品やベリーのコーディアルシロップのつくり方、アルコールの発酵法など、古くからの保存技術に立ち返り、現代風の解釈を加える方法で、料理の可能性を新たに広げています。

発酵食品や保存食品と健康との関係についての研究も盛んです。

北欧のこうした食の革命は、北米やほかのヨーロッパ諸国においても高い関心を集めています。

しかし、日々ヒュッゲな暮らしをするなら、自分が食べるものを管理できるように、基本的な食材の知識と料理のスキルを身につけておくだけで十分。決して無理はしないように。

時間があるときに、伝統的な食文化に目を向けて立ちもどり、そのよさを感じてみればいいのです。ニュー・ノルディック・キュイジーヌのように、

なかなか自分で保存食をつくれなくても、3食すべてを手づくりできない日が続いても、大丈夫。忙しい現代において、そんな日があってあたりまえです。

デリを利用したり、レストランで食事をたのしんだりしながら、週になんどか栄養のある料理をつくればいい。それだけで節約にもなるのですから。

自分でなにかを生みだし、自立して生きられるようなスキルを習得すると、よろこびや満足感を得られます。そんなスキルの一番身近なものが料理でしょう。

食べることは生きること。一番身近な料理をとおしてよろこびや満足感を得られたら最高。料理をするだけで元気がわいてくるなんて、とてもすてきなことではありませんか。

料理は人と人を結びつける

まったり過ごす金曜日

ノルウェーやスウェーデンには毎週金曜日に、「まったりと過ごす金曜日」というべき習慣があり、会社や学校がおわったら、家族や友だちが集まり、家でおいしい料理やお菓子を食べながらをゆっくりのんびり過ごします。

わたしの場合、大好きなお菓子やチョコレートを週に一度好きなだけ食べられる日でもありました。

好きなものを遠慮なく食べるときとがまんする日をつくる、こうした節度は、お話ししたように、チョコレートを思うがまま食べたらしっかり体を動かすといった、ヒュッゲ的なバランスのとり方と同じ。

北欧の「健全な幸福主義」といえるもので、ささやかなよろこびは食べることからはじまるのです。

食卓は大切な学びの場

料理をみんなで囲むということは、子どもにとって、食事をするだけではありません。食卓は、成長にかかせない大切な学びの場でもあるのです。

大人と同じものを食べながら大人の会話に加わることで、人とのつきあい方や交流の仕方を肌で感じ、自分の考えをやしなっていきます。社交性と創造性をはぐくむ貴重な時間といえます。

北欧で大切にされるフィーカ

あとの4章で詳しくお話ししますが、北欧にはフィーカという習慣があり、自宅でも会社でも、簡単なフィンガーフードやお菓子をおともにコーヒーやお茶をたのしみます。

こうした社会性行為としての食事は、研究によって、世界中のどの地域でも体によい効果をもたらすことが明らかになっています。本当に食事を味わえるのは、だれかと一緒にいてこそなのです。

だれもが優しくなれる時間

北欧ですばらしい食事とは、食べたものではなく、テーブルに集うことで醸しだされる親近感とそこから生まれる一体感によって決まります。

それは、人とのつながりのなかで、料理を重要視していることのあらわれでしょう。

スウェーデンで移民と住民を結びつける活動を行うNPO団体ユナイテッド・インヴィテーションズの創設者エバ・アカーマンも、みずからの体験からまったく知らないものどうしが理解を深めるには、一緒に料理を囲むのが一番と、料理の必要性をあげます。

想像してみてください。集ったすべての人をもてなそうと用意された料理を前にして、また、その料理をともに味わいながら、ほかの人に恐怖や憎しみを抱けるものでしょうか。

そんなことはなかなかできることではなく、おそらく芽生えるのは親近感と一体感のみ。テーブルを見わたせば、だれもが優しい笑顔を浮かべているはず。

これは、エバの活動によっても証明されています。彼女の考えに賛同して共感する人々によって、活動は徐々に知られるところとなり、今やヨーロッパ中に近しい団体ができ、各地で知らないものどうし、地元の人と移民の人が食事をともにするというイベントが行われているのですから。

料理を囲むとは、「自分とほかの人に対して優しくなれるような時間を過ごす」ことであり、それは、まさにヒュッゲそのもの。

つまり一緒に食事をすることは、簡単にヒュッゲの精神をシェアすることなのです。

料理上手への道

人から人へ、伝えられていくこと

お話ししてきたように、生きていくうえで料理がもっとも役に立つ生活術であることはあきらかです。しかし、料理はときに科学であり、錬金術。だからこそおもしろいのです。料理をすることを純粋にたのしみましょう。

苦手意識があるなら、上達するにはだれかが料理するのを見て覚えるのがベスト。実践をとおして知識を吸収するのは効果的です。どんなにわかりやすい料理本でも、なかなかマスターしづらいものです。

わたしも祖母を見ながら、北欧の料理を学びました。レシピを書いてくれることはなかったので、見よう見まね。祖母も自分の母親から同じように学んだのだそうです。祖母はパンを焼くとき以外は、自分でとったメモを見ることはありませんでした。

祖母が唯一メモを見るパンづくりでも、わたしは祖母のおかげで迷うことがありません。アメリカの作家ローリー・コルウィンの本によって、生地は赤ちゃんのおしりぐらいのやわらかさまでこねるとされてきましたが、わたしはもう少しこねます。すべて祖母流。料理法だけでなくちょっとしたコツも、人から人へ伝わるほうがスキルとして身につくのです。

だれかのために手づくりを

「お金をかけなくても、豊かな食事をとることができる」、これがわが家の教えです。

ここでの豊かな食事とはおいしくて健康によいもの。わたしたち家族にとってヒュッゲとは、食べる人のことを考えて手づくりされた食事という、ささやかなよろこびのなかにあるものなのでした。

ヒュッゲな北欧料理レッスン

北欧料理をつくってたのしむ20のステップ

ときには北欧料理をたのしんでみてはいかがでしょう。北欧料理をつくるコツをご紹介します。

1　自分で魚をおろし、肉を切りわける

どの切り身や部位がどんな料理にあうかを知るために、下ごしらえをしてみて。わからないことは魚屋さんや肉屋さんに聞けば教えてくれます。

わたしの経験では、ヒレ肉はやわらかくて淡泊で、すね肉などの安いブロック肉は、調理するのに時間がかかるものの、手間に見あった味わいに仕上がります。

2　バターを加える

おいしさがアップします。北欧人はバターが大好き。デンマークには「タンスモア（tandsmør）」という言葉があるほど。tandは歯、smørはバターをさし、食べたときに歯形がつくほど厚くバターをぬることです。ヒュッゲの精神で、ためらわずたくさん食べて。

3　玉ねぎは根気強く炒める

玉ねぎをこがさずに透きとおるまで炒めるのは、時間がかかるもの。時間を短縮するコツは、塩をひとつまみ加えて弱火でいためること。あめ色玉ねぎにする場合は、重曹を加えて中火で加熱しても。

4　好みの味に調える

塩、こしょう、スパイスは好みの味になる分量がベスト。塩は海塩がおすすめです。どんな料理にもあって、少し加えるだけでさらにおいしくなります。

5　一か月分のチキンストックをつくりおきする

つくり方は簡単。大鍋に鶏ガラ（ローストチキンの残りでも）をいれ、水を鶏がかぶるほど注ぎ、にんじん、玉ねぎ、パセリ（茎ごと）、フェンネル（葉と茎）、ローリエ、にんにく、しょうが、粒こしょうなど、好みの香味野菜と根菜を加え、弱火で数時間煮んで。こまめにアクをとり、3分の1になるぐらいまで煮つめたら鶏ガラをだし、別の鍋に煮汁をこしいれて完成。より濃厚な仕上がりにしたい場合、焼いた皮つきの手羽を加えて。

ストックの際は粗熱をとって製氷皿で凍らせます。野菜ストックなら、チキンストックの材料から鶏ガラをのぞいて同様に煮るだけ。昆布をいれるとうまみが加わって、味に深みがでます。

6　5つの卵料理をマスターする

ゆで卵、スクランブルエッグ、ポーチドエッグ、目玉焼き、オムレツは失敗知らず。

アーノルド・ベネット風オムレツ（タラいりオムレツ）やトルティーヤ（スペイン風オムレツ）、なめらかなバニラのスフレ、サクサクのピスタチオのメレンゲ、半熟卵までつくれるようになったら万々歳です。

7　シンプルなパンをつくる

パンは「命の糧」、シンプルにつくりましょう。必要なのは良質の小麦粉、水、塩、イースト（または自家製天然酵母）、そして少しの辛抱強さ。時間はかかりますが格別の味わいです。

8　とびきりのサンドイッチをつくる

おいしいサンドイッチをつくるのは初歩的な北欧料理のスキルのひとつ。

この本でご紹介しているサラダのレシピは、ほとんど北欧風オープンサンドイッチにアレンジ可能。

9　料理をつくりおきする

肉のはいったシチュー、ボロネーゼ、チリコンカンを大量につくり、小わけにして冷凍保存しておけば、忙しいときや疲れているときの心強い味方に。テイクアウトや総菜ですませるより、安全かつ安心で経済的。パイなど、ほかの料理にもアレンジできます。

10　ストックを充実させておく

ストックをいつも充実させておけば、時間がないときにさっと料理したり、食事をとることができます。

わが家のパントリーのストックは次のとおり。サワー種クリスプブレッド、オートミール、自家製シリアル、プレーンヨーグルト、ギリシャヨーグルト、米、パスタ、卵、乾燥豆、にんにく、オリーブオイル、アルガンオイル、バター、イベリコ豚のラード、鶏のシュマルツ（鶏の脂肪を原料に精製した食用油）、はちみつ、海塩、こしょう（黒、白）、スパイス各種。

冷凍庫には、ベリー各種、グリーンピース、スライスしたパン、自家製ジャム、チキンストック、小わけにしたボロネーゼ、シチュー、チリコンカン。

パンやお菓子を焼くなら小麦粉、卵、バター、植物油、ナッツ各種、スパイス、バニラエッセンス、ココアパウダー、製菓用チョコレート、ベーキングパウダー、ドライイースト（または生イースト）を常備。

新鮮なフルーツや野菜、乳製品など日もちのしない食材は、そのつど買いたして。

11　味に深みをもたらす食材を常備する

コクやうまみ、隠し味になるような食材を常備品に加えれば風味がまし、料理の幅が広がります。

そして缶づめや乾物をストック。たとえば、肉類、じゃがいも、さつまいも、乾燥きのこ、海藻、野菜のピクルスや漬物、パルメザンチーズ、しょうゆ、チリソース、缶づめやびんづめ（ニシン、サバ、サケ、マス、貝類、トマトの水煮、オリーブ、ケッパーなど）。アンチョビは缶づめなら、北欧のアバ社のものやスペイン、イタリアのものがおすすめ。

12 ヴィネガーをそろえる

酢には洗浄や脱臭効果があり、洗剤に加えて洗うと、付着した魚やスパイスのにおいごと落ちてきれいに。グラスやガラス食器のくもりは、酢をつけた布でみがくとピカピカに。

やかんやポットの水あかには、酢と重曹を混ぜた水をいったん沸騰させ、しばらくおいておくと効果的。

13 お気にいりのお菓子は練習する

得意なレシピがあれば大きな自信になるので、お気にいりを見つけたら練習しましょう。

この本のなかでのおすすめは、エルダーフラワーのグレーズをかけたアーモンドトルテ（80ページ）。

ちなみに、オーガニックやヘルシーさにだけこだわったお菓子はヒュッゲらしくありません。ヒュッゲとはおいしい食べものをたのしむこと。体によいという点だけにとらわれないで。

14 焼き菓子だけがデザートではない

オーブンがなくてもおいしいデザートがつくれます。おすすめはベリー。レモン果汁を少しふり、酸味が強いなら砂糖かエルダーフラワーシロップをからめて。ブランデーとグラン・マルニエ、フレッシュなオレンジ果汁でフランベすれば、大人のデザートにも。

アイスやソルベにそえるなどアレンジも可能。コツはできるだけシンプルにすることです。

15 料理の見せ方を知る

目でも味わうのが料理。北欧風においしく見せるには、すべて奇数で並べ、積みあげるように盛ること。

器は料理が映えるシンプルなものを。料理の彩りを考えて、ハーブやピクルスをそえれば鮮やかに。

16　BGMをかける

お気にいりの音楽をかけて料理をすれば、はかどります。ただし火や刃ものを使うので注意しましょう。

17　食べる量はほどほどにする

どんなにおいしくても最初の数口が一番感動的で、食べた分だけよろこびが深まるわけではありません。

山盛りのごちそうを食べ、消化になん時間もかかるようでは、ヒュッゲとはいえないでしょう。

18　買い出しはリストをもっていく

節約中なら優先的にたんぱく質の豊富な卵や魚の缶づめ、豆類、そして旬の野菜やフルーツ（彩りや栄養のバランスを考えて数種類ずつ）を。

お金をかけなくても、健康的な食生活を送れます。

19　伝統的な食文化を大切にする

発酵食品の文化は、大切な食材をいためないために生まれた保存の知恵。健康にもいいので、発酵食品づくりにチャレンジしましょう。

アメリカの料理作家サンダー・エリックス・キャッツの『発酵の技法』や『天然発酵の世界』は、発酵の世界を本格的に知りたい人におすすめです。

20　料理を伝える

自分や愛する人たちの食欲を満たすことは別にしてつくり手の最大の貢献は、自分のスキルを次の世代や料理を習う機会のなかった人たちに伝えること。

子どもと一緒に料理をするのもヒュッゲらしい行い。料理はほかの人に思いやりを示す行為であり、知識を共有することでもあるのですから。

まとめ

自然とともに生きるためには知識と工夫が必要で、自立した暮らしがもとめられてきた
∞便利になった今も、身のまわりのことや自分にできることは知っておきたい。

できることを自分で行えば、真の豊かさにつながる
∞自分でなにかを生みだすと、よろこびを得られる。自立して暮らし、質の高い生活を。
∞無理なく、持続可能なこと、ささやかなことからやってみる。

料理は、だれにでも共通して役に立つ、もっとも大切なことのひとつ
∞ストックやデリ、レストランを活用しながら、無理なくたのしく。シンプルな料理でＯＫ。

料理は人と人をつなげる
∞北欧にはみんなでティータイムをたのしむフィーカや、週末に集まって食事をする習慣がある。

∞自分はもちろん、だれかのために料理をつくり、ともにテーブルを囲む幸せを感じて。

おいしい料理を囲めば笑顔でうちとけ、わかりあえる。

∞子どもにとっては、人とのつきあい方や成熟した考え方をやしなう学びの場にもなる。

∞レシピも人から人へ。見よう見まねでつくるほうが身につく。

第４章

フィーカのひとときき

家族や友だち、会社の同僚と、お菓子をおともにコーヒーをたのしむフィーカは、アクティブに過ごし、人との交流を重んじる北欧の人々にとってかかせないもの。ここでは大切な時間を彩るお菓子のレシピをご紹介します。

すべての人にフィーカを

家族や友だちと過ごすティータイム

「フィーカ（Fika）」とはスウェーデン語で、ペイストリーやケーキ、お菓子やサンドイッチをつまみながらコーヒーを飲むこと。ひいては家族や恋人、友だち、会社の同僚とコーヒータイムをたのしむこと。

フィーカがなかったら、一年中アクティブでいる意味がないほど、北欧ではこの時間を大切にします。

スウェーデンの多くの企業では、社員が毎日集まってフィーカをたのしみます。ウプサラ大学の社会学者はこうした時間を「集団的な回復」と呼び、ビジネスにも社会的な絆にも大きな恩恵をもたらすと評価しました。フィーカにはリセット機能があるのです。

つまりフィーカは、北欧のバランスのとれた人生哲学の最たる例といえるでしょう。効率的に仕事をし、アクティブに過ごし、好きなものを食べ、人々と交流を深めるというヒュッゲの重要な要素なのです。

フィーカのおともにはサンドイッチやナチュラルなお菓子を

北欧では長い冬の間に、余計にエネルギーを蓄えておく必要があるため、炭水化物は悪者ではありません。よってフィーカのおともには、スモークサーモンなど、北欧らしい食材を使ったサンドイッチが登場します。そしてもちろん、カルダモンツイストなどの甘いパンやマフィン、マドレーヌなどのお菓子も。

ただ、北欧のスイーツは、砂糖たっぷりの甘いケーキやお菓子というわけではありません。サワーチェリーのバントケーキのように、穀物やアーモンド、スパイス、季節の果実など、ほかの素材との結びつきを大切にし、素材本来の味わいを生かしたものです。

2 カルダモンバターをつくる。ボウルにすべての材料をいれ、よく混ぜる。

3 打ち粉(分量外)をした作業台に生地を縦長におき、上半分にカルダモンバターをぬり広げ、下半分の生地を折り返す。

4 生地をめん棒で軽く押さえたら、端から約10等分に切りわける。

5 ひとつずつねじりながら棒状にする。うずをまくようにまるく成形し、巻きおわりを下に折りこむ。

6 オーブンシートを敷いた天板に生地を間隔をあけて並べ、表面に卵1/2個分をぬり、好みでアーモンドやパールシュガーをちらす。そのまま少しおいて発酵させる(生地を指で押して、指のあとがもどってこなければOK)。

7 生地に霧吹きで水(分量外)をかけ、180℃のオーブンで約10分焼く(きれいな焼き色がつき、たたくとこもった音がすればOK)。

8 オーブンからとりだして網にのせ、天板に残ったカルダモンバターを熱いうちに上からかける。

memo

○生地にいれるカルダモンパウダーはもっと多くてもOK。

○生地は50℃以上だとイーストが発酵しない可能性があるので、きちんと温度がさがるまで待つこと。

○以下のようなバターをつくってたのしんでも。

ペッペルカーケバター　北欧のクリスマスにはかかせない「ペッペルカーケ（ジンジャーブレッド）」風味にアレンジ。ミックススパイス（ジンジャー、シナモン、カルダモン、クローヴの各パウダーを同量混ぜあわせたもの）小さじ１をカルダモンパウダーのかわりに材料に加えます。

バニラバター　カルダモンパウダーのかわりにバニラオイルを少量加えれば、やさしい味わいに。

アーモンドバター　アーモンドパウダー大さじ２をカルダモンパウダーのかわりに加え、さらに生地にアーモンドスライスを適量トッピングすれば、アーモンドづくしのツイストに。

ノルウェー風カルダモンツイスト（photo P.70）

北欧スイーツといえば、ペイストリーやデニッシュ。
ぐるぐる巻きのシナモンロールや、編みこんだシナモンツイストが伝統的。
ノルウェーではシナモンのかわりにカルダモンを使ったものが好まれています。

材料（10個分）

生地
- 強力粉…240g
- バター(無塩)…40g
- 牛乳…125mℓ
- ドライイースト…小さじ1
- グラニュー糖…40g
- 卵(軽くほぐしたもの)…1個分
- カルダモンパウダー…小さじ2
  (またはホール8粒)
- 塩…小さじ1/4

カルダモンバター
- バター(室温にもどしたもの／無塩)…30g
- グラニュー糖…30g
- カルダモンパウダー…小さじ1
- バニラオイル…約3滴

アーモンド(スライス)、パールシュガー
…好みで

つくり方

1 生地をつくる。

a 鍋にバターをいれて火にかけてとかし、火からおろして牛乳を加え、人肌程度(約40℃)に調整する。冷たく感じる場合は少し火にかけ、熱すぎるようなら冷ます。

b ボウルにaを注ぎ、ドライイースト、グラニュー糖、卵1/2個分、カルダモンパウダー、塩の順に加えて混ぜ、最後に強力粉を2回にわけて加えて混ぜる。

c 打ち粉(分量外)をした作業台に生地をとりだし、こしがでてなめらかになるまで約10分こね、まるく成形する。

d ボウルに生地をもどし、ぬれふきんまたはラップをかぶせ、約2倍の大きさにふくらむまであたたかい場所で40〜50分発酵させる(一次発酵。冬場は60℃ぐらいの湯をはったひとまわり大きいボウルに浮かべて保温するとよい)。

e 打ち粉(分量外)をした作業台に生地をとりだし、めん棒で約25cm×30cmの長方形にのばす。

オートミールワッフル (photo P.71)

北欧のクラシカルなワッフルは、ハートの形がつながったワッフル型で焼いたもの。
見た目がかわいいだけではなく、シェアするのにも最適。
ノルウェーでは、サワークリームとバニラ風味が定番ですが少しアレンジして
オートミールを軽くローストすることで生まれるナッティーな風味をたのしみます。

材料（約6～8枚分）

オートミール…75g
薄力粉…175g
ベーキングパウダー…小さじ1/2
グラニュー糖…50g
塩…小さじ1/4
水…75mℓ
牛乳…100mℓ
サワークリーム(または生クリーム)…100mℓ
バニラオイル…約4滴
卵…2個
とかしバター(無塩)…75g
ミックスベリーのコンポート(P.75)…好みで

つくり方

1 天板(または耐熱皿)にオートミールを広げ、170℃のオーブンで、ナッツのような香りが漂ってこんがり焼き色がつくまで、約10分焼く。オーブンからとりだして冷ます。

2 ミキサーに**1**の半量をかけ、細かいパウダー状にする。

3 ボウルに**2**、薄力粉、ベーキングパウダー、グラニュー糖、塩、**1**の残りを加えて、均一になるように全体を混ぜる。

4 中央にくぼみをつくり、水、牛乳、サワークリーム、バニラオイルの順に加え、ホイッパーでよく混ぜる。卵は1個ずつ加え、最後にとかしバターを加えてさらによく混ぜ、約30分休ませる。

5 ワッフルメーカーが十分熱くなったら両面にとかしバター(分量外)を薄くぬり、**4**の生地を流しこむ。ワッフルメーカーを閉じ、こんがりとキツネ色に表面がカリッとするまで焼く。

6 器にワッフルをのせ、好みでコンポートを盛る。

memo

○この分量は、電気のまる型ワッフルメーカー（直径約16㎝）を使用するときのもの。適宜調整してください。

○4では、生地をすくって2～3秒かかって落ちるぐらいのなめらかさに混ぜて休ませると、生地ののびがよくなり、よりおいしいワッフルに。

ミックスベリーのコンポート (photo P.71)

北欧の短い夏は、フレッシュなベリーなくしては、はじまりません。
ベリーをコンポートやジャムにするのは
長くどんよりした寒い冬の数か月を、夏の恵みで満たす工夫。
このコンポートは短時間でつくれて、パンケーキやワッフルのおともにもぴったりです。

材料(約500g分)

ベリーミックス(冷凍可)…450g
オレンジ果汁…1個分
レモン果汁…1個分

スパイスシロップ
　フルーツシュガー…100g
　水…75mℓ
　カルダモン…5個
　スターアニス…1個
　シナモンスティック…1本
　オレンジの皮(ノーワックス
　　／表皮を細長くむいたもの)…1/2個分
　レモンの皮(ノーワックス
　　／表皮を細長くむいたもの)…1/2個分

memo

○フルーツシュガーのかわりにグラニュー糖150gでもOK。

○スパイスシロップは前日につくってひと晩おき、香りを移しておいても。

○保存するときは、完全に冷ましてから冷蔵庫で保存します。

○ベリーのかわりに、生の完熟していないかたいプラムでつくって、プラムのコンポートをたのしんでも。

つくり方

1 スパイスシロップをつくる。
　a 小鍋にフルーツシュガーと水をいれ、強めの中火にかけて沸騰させ、フルーツシュガーを完全にとかす。
　b 小鍋を火からおろし、カルダモン、スターアニス、シナモンスティック、オレンジとレモンの皮を加え、そのまま1時間おいて香りを移す。

2 別の鍋に1を茶こしなどでこしいれ、オレンジとレモンの果汁を加え、中火にかける。いったん沸騰したらベリーミックスを加え、ベリーが煮崩れて煮つまるまで、弱めの中火であくをとりながら、約15分煮る。

パンケーキ

週末のブランチにぴったりのパンケーキ。
手にはいるようなら、ギリシャヨーグルトのかわりに
クワルクチーズを使って雲のようにふわふわに仕上げても。
このドイツを代表するチーズは北欧でもおなじみで
ヨーグルトを濃厚にしたような風味です。

材料（約10〜12枚分）

生地
　薄力粉(ふるったもの)…170g
　ギリシャヨーグルト
　　(またはクワルクチーズ)…400g
　卵黄…4個分
　はちみつ
　　(またはメープルシロップ)…大さじ2
　バニラオイル…約6滴
　牛乳…200㎖
　塩…小さじ1/2
　とかしバター(無塩)…100g

メレンゲ
　卵白…4個分
　グラニュー糖…大さじ2

植物油…適量
ベリー類、シナモンパウダー…好みで

memo

○ベリーは、イチゴ、ラズベリー、ブラックベリー、チェリーなど、数種ミックスするのがおすすめ。

つくり方

1 生地をつくる。
　a ボウルにギリシャヨーグルト、卵黄、はちみつ、バニラオイル、牛乳の順に加え、全体がなじむまでホイッパーで混ぜる。
　b 薄力粉と塩をあわせて2回にわけてふるいいれ、最後にとかしバターを2回にわけて加え、全体が均一になるまで混ぜる。

2 メレンゲをつくる。別のボウルに卵白、グラニュー糖をいれ、しっかりと角が立つまで泡立てる。

3 **1**にメレンゲの1/3量を加え、なじむまで混ぜる。残りのメレンゲもすべて加え、ゴムべらできるようにさっくりと混ぜあわせる(メレンゲの泡をつぶさないようていねいに混ぜ、混ぜすぎに注意)。

4 フライパンに植物油をひいて中火にかけ、油があたたまったら**3**をすくって流し、片面を1〜2分ずつ焼く。

5 器にのせ、好みでベリー類とギリシャヨーグルト(分量外)をそえ、シナモンパウダーをふり、はちみつ(分量外)をかける。

サワーチェリーのバントケーキ

バントケーキはリング状のバントパン型で焼く
欧米ではおなじみの伝統菓子。シンプルな味わいが魅力ですが
ここでは祖父母の農園でサワーチェリーをつんだ夏に思いをはせ
チェリーをプラスしたオリジナルレシピでご紹介します。
デコラティブな型を使ってモダンな雰囲気に仕上げました。

材料
(直径約26cm×高さ約9.5cmの
バントパン型またはクグロフ型1台分)

ドライサワーチェリー…100g
好みのチェリー缶詰(または生のさくらんぼ
／種をのぞいたもの)…100g

生地
- 薄力粉…240g
- バター(室温にもどしたもの／無塩)…225g
- グラニュー糖…200g
- バニラオイル…約4滴
- 卵…3個
- アーモンドパウダー…50g
- ベーキングパウダー…小さじ1と1/2
- 塩…小さじ1/4
- 牛乳…100mℓ
- ヨーグルト…50mℓ

ヒーリングチェリーリキュール…適量

memo

○チェリーは缶詰のみ200gでもOK。

○以下のようなバリエーションでたのしめます。

チェリーのグレーズをかけて　チェリーをとりだして残ったヒーリングチェリーリキュールを活用し、粉糖150gに約大さじ1混ぜてグレーズをつくり、型からとりだしたケーキにかけます（写真参照）。

ブルーベリーやラズベリー、ルバーブを使って　チェリーのかわりに、ベリーやルバーブをそれぞれ200g用意してつくります。

レモンとポピーシードのバントケーキにして　生地の材料からチェリーをのぞき、ベースの生地にけしの実大さじ3とレモンの皮（すりおろし）2個分を加え、グレーズは、粉糖150gとレモンの皮（すりおろし）1個分、レモン果汁約大さじ1を混ぜてつくります。

つくり方

1 型にバター(分量外)を薄くぬり、軽く薄力粉(分量外)をはたいておく。ドライサワーチェリーと缶詰のチェリー(よく水けをきる)はボウルにいれ、ヒーリングチェリーリキュールをかぶるくらい注ぎ、そのまま漬けておく。

2 生地をつくる。

a ボウルにバターをいれ、ホイッパーでクリーム状になるまで練る。

b グラニュー糖を2回に分けて加え、ふんわり白っぽくなるまですり混ぜ、バニラオイルを加える。

c 卵を1個ずつ加え、ホイッパーでそのつどよく混ぜたら、アーモンドパウダーを加えてヘラで混ぜる。

d 薄力粉、ベーキングパウダー、塩をあわせてふるったものと、牛乳とヨーグルトをあわせたものを2～3回にわけて交互に加えながら、全体が均一になるように、ヘラでさっくりときるように混ぜる。

e 粉が完全に混ざりきらないうちに1のチェリーの水けをきって生地に加え、ヘラでさっくりと混ぜこむ(チェリーが粉でコーティングされ、生地のなかで沈みにくくなる)。

3 1の型に生地を流しこみ、170℃のオーブンで、きれいな焼き色がつくまで35～40分焼く(表面をさわって弾力があり、竹串を刺して生地がついてこなければOK)。

4 オーブンからとりだして型ごと網にのせ、約20分おいて粗熱をとる。ケーキを型からだして再び網にのせ、完全に冷ます。

真夏のアーモンドトルテ
レモンとエルダーフラワー風味のグレーズがけ

焼いただけでも十分おいしいケーキですが、ここではグレーズをかけて
生クリームと季節のベリー、エディブルフラワーをそえて。

材料（直径18㎝のまる型１台分）

生地
- 卵黄…２個分
- グラニュー糖…50g
- とかしバター（無塩）…50g
- バニラオイル…約３滴
- レモンの皮（ノーワックス／表皮のすりおろし）…1/2個分
- アーモンドパウダー…150g
- 塩…ひとつまみ

メレンゲ
- 卵白…２個分
- グラニュー糖…50g

グレーズ
- 粉糖…75g
- エルダーフラワーシロップ…大さじ1/2
- レモンの皮（ノーワックス／表皮のすりおろし）…1/2個分
- レモン果汁…1/2個分

エディブルフラワー、ベリー類…好みで

memo

○以下のようなバリエーションでたのしめます。

スパイス風味のアーモンドトルテにして　生地にレモンの皮のかわりに、ミックススパイス（シナモン、カルダモン、ナツメグの各パウダーを同量ずつ、好みでクローブパウダー少々を混ぜたもの）を小さじ１～２加えます。

リキュール風味のグレーズで大人のケーキに　ウイスキーやラム酒など、好みの蒸留酒やリキュールを混ぜてグレーズをつくってかけます。

つくり方

1 生地をつくる。
 a ボウルに卵黄とグラニュー糖をいれ、ホイッパーで白っぽくなめらかになるまですり混ぜる。
 b とかしバターを少しずつ加えてホイッパーで混ぜ、バニラオイル、レモンの皮、アーモンドパウダー、塩の順に加え、ゴムべらでさっくりと混ぜる。

2 メレンゲをつくる。別のボウルに卵白とグラニュー糖をいれ、しっかりと角が立つまで泡立てる。

3 メレンゲの1/3量をすくって**1**に加え、なじむまで混ぜる。残りのメレンゲを**1**に加え、ゴムべらでメレンゲの泡をつぶさないようにさっくりと混ぜあわせる（ムース状になればOK）。

4 オーブンペーパーを敷いた型に生地を流しこみ、170℃のオーブンで、こんがりと焼き色がつくまで25～30分焼く（表面をさわって弾力があり、竹串を刺して生地がついてこなければOK）。

5 オーブンからとりだして型ごと網にのせ、粗熱がとれたら型からだし、再び網にのせて完全に冷ます。

6 グレーズをつくる。ボウルに粉糖をいれ、エルダーフラワーシロップ、レモンの皮と果汁を加え、とろりとするまで混ぜる。

7 器にケーキをのせ、グレーズをまわしかける。グレーズがかたまりはじめたら、好みでエディブルフラワーをあしらい、ベリー類を飾る。

マドレーヌ
クリスマス・スパイス風味

マドレーヌはつくるのが簡単で、おいしいだけでなく
見た目のかわいさにも心惹かれます。
ここではクリスマス・スパイスをきかせてつくってみましょう。
スパイスのきいたマドレーヌは、あたたかいうちにめしあがれ。

材料

（12個分／
マドレーヌ型天板［12個どり］1枚分）

薄力粉…50g
卵…2個
グラニュー糖…50g
メープルシロップ
（またははちみつ）…大さじ2
エスプレッソ
（または濃いドリップコーヒー）…30mℓ
ナツメグパウダー…小さじ1/4
シナモンパウダー…小さじ1/2
アーモンドパウダー…50g
ベーキングパウダー…小さじ1/4
塩…小さじ1/4
とかしバター（無塩）…100g
粉糖…好みで

memo

○好みでシナモンと一緒にカルダモンパウダー小さじ1/2、クローヴパウダーひとつまみをプラスしても。

○できあがって冷たくなってしまっても、150℃のオーブンで数分焼けば、またおいしく味わえます。

つくり方

1 ボウルに卵とグラニュー糖をいれ、ホイッパーで白っぽくなめらかになるまですり混ぜる。

2 メープルシロップ、エスプレッソ、ナツメグパウダー、シナモンパウダー、アーモンドパウダーの順に加えて混ぜる。

3 薄力粉、ベーキングパウダー、塩をあわせてふるったものを加えてさらに混ぜる。

4 とかしバターを加えて全体がなじむまで混ぜる。ラップをして冷蔵庫にいれ、7〜8時間寝かせる。

5 型にとかしバター（分量外）をぬって薄力粉（分量外）をはたき、生地を8分目までいれる。

6 170℃のオーブンで、中央がぷっくりとふくらみ、表面がこんがりキツネ色になるまで10〜15分焼く（表面をさわって弾力があり、竹串を刺して生地がついてこなければOK）。

7 オーブンからとりだし、熱いうちに型を作業台に打ちつけてマドレーヌをとりだす（冷めると型からだしにくくなる）。好みで粉糖をかける。

R

第5章

北欧のキッチンから

北欧で料理は、ほかの人への思いやりであると考えられ、ヒュッゲの大切な要素です。しかし、無理をせず、つくることから食べることまでをたのしんで。みんなで味わいたのしむ幸せの時間にぴったりの簡単な料理をご紹介します。

ヒュッゲな北欧料理

手間をかけず、
つくること、食べることをたのしむ

だれかと食事をともにするということは、親近感や仲間意識をはぐくんだり、愛情を伝えること。

デンマークに生まれたアイスランドのアーティスト、オラファー・エリアソンは「料理とは、ほかの人に対する思いやりである」といっています。きっとあなたもこのことを感覚的に理解していることでしょう。

現代の北欧料理は、ベリー類や穀類、脂身の少ない肉、ピクルス、旬の野菜や魚、魚介類などの食材を使い、シンプルに調理することをベースにしています。

わたしの母の口癖は「ノルウェー料理は、世界で一番ヘルシーなファーストフード」ですが、まさにそのとおり。

燻製のマス、スモークサーモン、ニシンの酢漬け、ボイルした小エビ、塩ダラなどを使って、簡単にすばらしいひと品をつくりだすのが魅力でしょう。

手づくり料理はヒュッゲのかなめですが、無理なく、つくることから食べることまでをたのしんで。

つくりおきや食材のストックで
気軽においしくたのしく

朝食は大切なセレモニー。ヘルシーなものを食べる時間がきちんとあれば一日をはじめる準備ができます。

ノルウェーでは、スモークサーモンとアボカドのオープンサンドなどをよく食べます。

ウィークエンドのヒュッゲなブランチには、オートミールのワッフルがぴったり。スウェーデンでは3月25日をワッフルデーにしているほどポピュラーです。

ディナーには、ローストポークのようなコトコト煮る料理が定番。体を芯からあたためてくれます。

わたしは料理が大好きですが、必ずしも一からつくっているわけではありません。

しかし手づくりしているといえるのは、パントリーの食材ストックやつくりおきが充実しているから。

ストックがあればあまりものだって、アイデア次第でおいしくすてきな料理になるでしょう。

意外とあまりものやかぎられた食材で料理するのはたのしいもので、オリジナルレシピだってふえます。

平日は忙しくて料理をする時間がないのなら、無理をする必要はありません。サラダと野菜を使ったレシピを活用すれば、おいしいものが手軽に用意できます。

世のなかにあるほとんどのレシピはいわば道しるべ。材料や味つけは好みにあわせてアレンジしましょう。

雰囲気や居心地のよさ、味わうよろこび、

そして歌も大切なエッセンス

北欧の人々は健全な幸福主義を謳歌し、人生を常に冷静に見ることに誇りをもっているとよくいわれます。

それはお酒のたしなみ方にもあてはまります。北欧の人々は乾杯が大好き。北欧には禁欲的なイメージがありますが、お酒が好きだから厳しい自然のなか一年中ヒュッゲでいられるという雰囲気もあるのです。

ヒュッゲでは、お酒は酔うためではなく味わうためのもの。そして男女を問わずみんなでたのしむもの。

寒い冬に体を芯からあたためてくれるホットカクテルやオリジナルのカクテルをつくって、料理やお菓子とあわせれば、これ以上のごちそうはありません。

大事なのは、たのしい雰囲気、居心地のよさ、シンプルなものを家でつくって味わうよろこび。

最後に、料理を囲んでたのしく過ごすときは、歌も大事なエッセンスになるということをつけくわえておきます。北欧では人が集まると必ず、歌が次から次へと披露されるのですから。

ミューズリー

理想的なミューズリーは、数種の穀物フレークをベースに
いろいろなナッツやシード、ドライフルーツがバランスよくミックスされていて
風味と食感のコントラストがたのしいもの。
ここではプリッとしたドライチェリーの酸味とバナナチップスをアクセントにして。

材料（つくりやすい分量）

穀物フレーク…250g
バニラアーモンド
　アーモンド(生)…100g
　バニラオイル…小さじ1/2
ココナッツチップス…50g
ドライサワーチェリー…80g
オメガシードミックス…80g
バナナチップス…40g
牛乳、シナモンパウダー…好みで

memo

○穀物フレークはオーツ麦、ライ麦、大麦、スペルト小麦など、オメガシードミックスは亜麻の実、かぼちゃの種、ごま、ひまわりの種などがミックスされたものがおすすめ。ドライフルーツを数種ミックスしたり、グラノーラを加えてザクザク感をアップさせても。

○アーモンドとココナッツはこがさないようにこまめに様子を見ましょう。

○保存するときは、ふたのつきのガラスジャーにいれて常温保存します。

つくり方

1 バニラアーモンドをつくる。天板にアーモンドを広げ、150℃のオーブンで約10分焼く。オーブンからとりだして粗熱をとり、アーモンドにバニラオイルをふってからめるように混ぜる。

2 天板にココナッツチップスを広げ、150℃のオーブンで5〜8分焼く。オーブンからとりだし、そのままおいて粗熱をとる。

3 大きなボウルに1と2、残りのすべての材料をいれ、全体を混ぜあわせる。器に盛り、好みで牛乳とシナモンパウダーをかける。

鶏レバーとマーマレードのオープンサンド

子どもころ大好きだった鶏レバーペーストは、今でもときどき食べたくなるもの。
グレープフルーツのシャープな酸味と塩けのあるレバーペーストがあいまって
味わい深いおいしさです。

材料（4人分）

ライ麦パン（スライス）…4枚
グレープフルーツマーマレード…小さじ4
ローズマリー（葉／刻んだもの）…2枚分
バター、ピクルス（さいの目切り／P.112参照）
…各適量

鶏レバーペースト（つくりやすい分量）
鶏レバー…200g
牛乳…100mℓ
オリーブオイル…大さじ1/2
玉ねぎ（みじん切り）…1/2個分
にんにく（みじん切り）…1かけ分
バター…20g
ウイスキー…大さじ1
生クリーム…100mℓ
塩、黒こしょう…各適量

memo

○ピクルスは好みの野菜で、P.112を参照してつくりますが、市販の赤かぶの甘酢漬けやきゅうりのピクルスでもOK。プチトマトにかえてもおいしい。

つくり方

1 鶏レバーペーストをつくる。

a 鶏レバーは牛乳に1時間以上漬けてくさみをとり、キッチンペーパーなどで水けをふきとってひと口大に切る。

b フライパンにオリーブオイルをいれて熱し、弱めの中火で玉ねぎをこがさないように透きとおるまで炒めたら弱火にし、にんにくも加えて香りがたつまで炒める。

c バターを加えて弱めの中火にし、aのレバーを加え、塩、黒こしょうをふってさらに炒める。レバーにほぼ火がとおったらウイスキーを加えて炒め、アルコールをとばす。

d 生クリームを加えて2〜3分煮つめてレバーに完全に火をとおす。

e 火をとめて粗熱がとれたら、ミキサーにかけ、塩、黒こしょうで味を調えて冷ます。

2 ライ麦パンにバターをたっぷりぬり、1のレバーペーストを厚めに広げる。

3 グレープフルーツマーマレードと好みのピクルスをバランスよくのせ、ローズマリーをちらす。

スモークサーモンとアボカドのオープンサンド

ノルウェーの朝食ではオープンサンドが定番。
ノルウェーの伝統の味をスモークサーモンとアボカドで。
好みでパンにクリームチーズやバターをぬってつくってもおいしい。

材料（4人分）

ライ麦パン（スライス）…4枚
スモークサーモン（スライス）…8枚
アボカド
（小／皮と種をとったもの／さいの目切り）
…2個分
エシャロットのピクルス
（みじん切り／P.112参照）…2個分
ケッパー
（水でよく洗ったもの／みじん切り）…大さじ2
レモンの皮
（ノーワックス／表皮のすりおろし）…1/2個分
レモン果汁…1/2個分
ビーツのピクルス（さいの目切り／P.112参照）、
塩、黒こしょう…各適量

つくり方

1 ボウルにアボカド、エシャロットのピクルス、ケッパー、レモンの皮と果汁を加えてあえ、塩と黒こしょうで味を調える。

2 ライ麦パンにスモークサーモンを2枚ずつのせ、1とビーツのピクルスをバランスよくのせる。

memo

○各ピクルスは、P.112を参照してつくりますが、エシャロットのピクルスは、玉ねぎ（みじん切り）1/6個分、またはらっきょう（みじん切り）4個分、ビーツのピクルスは、プチトマト（さいの目切り）適量、または市販の赤かぶの甘酢漬けでもOK。

○パセリ、シソ、ディル、チャイブなどのフレッシュなハーブでアクセントづけしても。

甘エビのカナッペ 北欧風

北欧の甘エビと薄くスライスしたきゅうりに、ランプフィッシュキャビアの塩け、
レモンのフレッシュさ、さわやかなディルの香りがハーモニーとなって
存在感あるカナッペに。リースリングワインとは抜群の相性です。

材料（4人分）

サワー種クリスプブレッド
（またはクラッカー）…12枚
甘エビ
（殻つき／ボイルして殻をむいたもの）…300g
きゅうり（スライス）…１本分
ランプフィッシュキャビア
（またはいくらもしくはとびこ）…大さじ２
レモンの皮
（ノーワックス／表皮のすりおろし）…1/2個分
レモン果汁…1/2個分
ディル（生）、バター、マヨネーズ…各適量

つくり方

1 クリスプブレッドにバターをぬる。

2 マヨネーズ、きゅうり、ランプフィッシュキャビア、ディルをバランスよくのせ、甘エビを数匹ずつのせる。

3 レモン果汁を軽くかけ、レモンの皮をちらす。

memo

○甘エビは大きいエビを使ってもOK。

グラブラックス

グラブラックスは北欧の伝統的な魚料理のひとつ。
サーモンを北欧の蒸留酒アクアビットやウォッカ、ウイスキーなどのお酒と
フレッシュなハーブでマリネした北欧風サーモンの塩漬けです。
塩辛いというより少し甘みのほうが強く、前菜にぴったり。
1～2日寝かせてからいただきます。

memo

○好みでグラニュー糖と塩を同量にしても。

○ビーツを加えたり、コニャック、ジン、ウォッカ、アクアビットなどを使ったり、ジェニパーベリーを加えれば、アレンジもたのしめます。クリスプブレッドとも相性抜群。

材料（4人分）

サーモン（フィレ／皮つき）…600g
ウイスキー…大さじ1
ディル（刻んだもの）…30g
白こしょう（ホール）…大さじ1/2
コリアンダーシード（ホール）…大さじ1
グラニュー糖…50g
塩…35g

つくり方

1 サーモンは表面をキッチンペーパーで軽く押さえて水けをとり、骨があればのぞいておく。

2 すり鉢に白こしょうとコリアンダーシードをいれ、すりこぎですりつぶし、小さなボウルに移し、グラニュー糖と塩を加えて混ぜる。

3 二重にしたラップの上に、**1**のサーモンをそれぞれ皮目を下にして並べ、身の部分にウイスキーをふり、ディルを適量ちらし、**2**を全体に広げてしっかりすりこむ。

4 ラップごと半分に折って2枚をあわせ（皮目が外側で、身どうしを重ねる）、あわせ目にディル20gと**2**をすりこむ。

5 ラップでぴったり**4**を包み、冷蔵庫で1～2日寝かせる。

6 冷蔵庫からとりだしてラップをはずし、すりこんだ塩やスパイス、水けをキッチンペーパーでふきとる。

7 **6**を皮目を下にしてまな板におく。残りのディルをちらし、手で上から強めに押してならす。尾のほうから斜めにスライスする。

グリルチーズサンド

デンマークのチーズ、ヤールスバーグを主役にしたグリルチーズサンド。
ピクルスやサラダ、栄養たっぷりの野菜スープをあわせれば立派なランチに。
とろりあつあつをほおばって。

材料材料（4人分）

サワーブレッド(スライス)…8枚
バター…30g
フィリング
　ヤールスバーグ(粗くおろしたもの)…200g
　生ハム(細切り)…60g
　ヘーゼルナッツ
　　(ロースト／粗く刻んだもの)…60g
　あさつき(みじん切り)…大さじ2
　パセリ(みじん切り)…大さじ2
　セージの葉(細切り)…4枚分
　玉ねぎ(みじん切り) 大さじ2
　粒マスタード…大さじ1/2
　ウイスターソース(またはタバスコ)、
　　スモークパプリカ(またはカイエンヌペッパー)…各適量

つくり方

1 フィリングをつくる。ボウルにフィリングのすべての材料をいれ、よく混ぜる。

2 サワーブレッド4枚に**1**を1/4量ずつ軽く広げ、残りの4枚でそれぞれをはさむ。

3 フライパンにバター半量をいれて熱し、**2**を2つのせ、中火で表面にこんがり焼き色がつくまで片面2～3分ずつ焼く。残りも同様に焼く。

memo

○ヤールスバーグのかわりに、コンテチーズ、グリュイエールチーズ、マースダムチーズ、ミックスシュレッドチーズを使ってもおいしい。

○生ハムはイベリコ豚のものがおすすめ。

○ウイスターソースとタバスコ、スモークパプリカとカイエンヌペッパーは、それぞれ両方使っても。

ローストカリフラワーのホットサラダ

ローストしたカリフラワーの風味と食感がアクセント。
カリフラワーのかわりに、さつまいもを同じように焼いて加えても。
ゆでたブロッコリーや芽キャベツをあわせれば
冬でもスーパーグリーンなサラダに。
バターをぬったサワーブレッドか、ライ麦パンとあわせて。

材料 材料（4人分）

カリフラワー（小房にわけたもの）…1個分
ベビーほうれん草
（またはベビーリーフミックス）…80g
ブルーチーズ（ほぐしたもの）…100g
ドライサワーチェリー
（またはクランベリー）…30g
くるみ…40g
オリーブオイル…大さじ2
塩、黒こしょう…各適量
チェリーヴィネガー…好みで

つくり方

1 天板にカリフラワーを広げ、オリーブオイルをまわしかけ、塩、黒こしょうをふる。

2 200℃のオーブンで、軽くこげ目がつくまで25〜30分焼く。

3 器にベビーほうれん草を盛り、2をのせ、ブルーチーズ、サワーチェリー、くるみをちらし、好みでオリーブオイル（分量外）とチェリーヴィネガーをかける。

memo

○チェリーヴィネガーのかわりに一般的なヴィネガーでもOK。

豆と穀物のチキンサラダ

北欧ではスーパーなどで、スパイスやハーブで味つけされた
1羽まるごとのローストチキンが手頃な値段で売られています。
このローストチキンとポテトサラダはピクニックの定番。
残ったらサラダやサンドイッチにアレンジしてたのしみます。

材料（4人分）

サラダ
- 緑レンズ豆…150g
- もち麦…150g
- スモークチキン(スライス)…300g
- ビーツのピクルス(スライス／P.112参照)…300g
- ミックスベビーリーフ(洗って水けをきったもの)、塩…各適量

ドレッシング
- ディル(みじん切り)…大さじ2
- パセリ(みじん切り)…大さじ2
- オリーブオイル…大さじ3
- レモンの皮（ノーワックス／表皮のすりおろし）…1/2個分
- レモン果汁…1/2個分
- 塩、黒こしょう…各適量

ハーブ類、ナッツ類(ロースト)、エディブルフラワー…好みで

つくり方

1 水でさっと洗った緑レンズ豆、もち麦をそれぞれ別の鍋でわかした湯にいれ、15～20分好みのかたさにゆでる。ザルにそれぞれあげて、サラダに加えるまで粗熱をとっておく。

2 ドレッシングをつくる。ボウルにすべての材料をいれて混ぜる。

3 器にベビーリーフ、1の緑レンズ豆ともち麦、スモークチキン、ビーツのピクルスを順に盛りつけ、2をまわしかけ、好みでハーブ類、ナッツ類、エディブルフラワーをあしらう。

memo

○ビーツのピクルスはP.112を参照してつくりますが、かわりにトマト（スライス）2個分を使っても。

○ナッツは好みでピーカンナッツ、ヘーゼルナッツ、アーモンド、くるみなどをミックスし、ハーブ類も好みのものでOK。

○スモークチキンのかわりに鴨や鹿肉の燻製、スモークベーコン、ブレザオラ（牛肉の生ハム）などをあわせたり、サルサソースやオイルとヴィネガーでシンプルに味つけしても。フレッシュなハーブと抜群の相性です。

○エディブルフラワーはすぐにしおれてしまうので、食べる直前に盛りつけます。

まるズッキーニのまるごとグラタン風

まるズッキーニはオーブン料理の器にぴったり。
冷蔵庫のあまりものだって、つめて焼くだけで見た目にもおいしいひと品に。
器まで食べられるのも魅力的。

材料（4人分）

まるズッキーニ(手のひらサイズ)…4個
玉ねぎ(みじん切り)…1/2個分
にんにく(みじん切り)…2かけ分
オリーブオイル…大さじ1
ミックスシュレッドチーズ、塩、
　黒こしょう…各適量
ソース
　もち麦…50g
　生クリーム…150㎖
　ミックスシュレッドチーズ…100g
　セージの葉(生／刻んだもの)…適量
　塩、黒こしょう…各適量
ハーブ類…好みで

memo

○もち麦のかわりに、ひよこ豆やレンズ豆を使っても。

○生クリームをもっと多くいれるとクリーミーなグラタンに。

○チーズは、チェダーチーズ、パルメザンチーズ、ヤールスバーグチーズ、グリュイエールチーズでもOK。好みで数種をミックスしても。

○4で煮つまりすぎたら、湯かチキンストック、生クリーム（すべて分量外）を加えてゆるめます。

○オーブンから一度とりだし、チーズをさらに適量ふりかけ、220℃ぐらいのオーブンで数分焼けば、さらにチーズ感がアップします。

○とりのぞいたズッキーニの種を洗って乾かし、オーブンでローストして、好みのスパイスソルトまたは砂糖をまぶせば、ちょっとしたスナックに。

つくり方

1 オーブンは180℃に予熱しておく。ズッキーニはへたから2〜3㎝くらいの部分を切り落とし、スプーンで種をとりのぞく。切ったへたの部分は、ふたにするのでとっておく。

2 フライパンにオリーブオイルをひいて弱火で熱し、玉ねぎをしんなり半透明になるまで3〜5分炒める。

3 にんにくを加えてさらに30〜60秒炒める。

4 ソースをつくる。もち麦はたっぷりの湯で約15分ゆでてざるにあげ、水でぬめりを洗い流す。鍋に生クリーム、ミックスシュレッドチーズをいれ、混ぜながら煮てチーズがとけたら、もち麦とセージを加えてひと混ぜし、塩、黒こしょうで味を調える。

5 **1**のズッキーニのなかに**3**、**4**の順にスプーンで押しながら、上までつめる。

6 ミックスシュレッドチーズ、塩、黒こしょうを順にふる。まだズッキーニのへたでふたをしない。

7 オーブンシートを敷いた天板にのせ、オーブンでズッキーニがやわらかくなり、こげ目がつくまで180℃で40〜50分焼く。焼き時間が残り約20分になったら、天板の脇にズッキーニのへたをのせて一緒に焼く。

8 オーブンからとりだし、へたをズッキーニにのせ、ふたをして器に盛り、好みでハーブなどをそえる。

白身魚のライ麦パン粉焼き

ライ麦パンの自然な甘さとサクサク感、
カリカリベーコンの深い味わいが、白身魚をより一層おいしくしてくれます。
手にはいるようなら、北欧らしい白身魚のハドックを使ってみてはいかがでしょう。
寒い冬には蒸し野菜を、光輝く夏にはサラダやピクルスをそえても。
ピノ・ノワールやボジョレーのワインにもぴったり。

材料（4人分）

タラ（またはスズキ）の切り身…4枚
ライ麦パン（1.5cm角）…100g
ベーコン…100g
アスパラガス（塩ゆでしたもの）…20本
植物油…大さじ1/2
塩、黒こしょう…各適量

memo

○黒いライ麦パンがおすすめ。かたくなったパンを使う場合は、オーブンで乾燥させず、そのままミキサーかフードプロセッサーにかけて細かくし、カリカリに焼いたベーコンと混ぜます。

○アスパラガスは好みの本数でOK。旬の野菜やサラダ菜、海藻などにしても。

つくり方

1 オーブンシートを敷いた天板にライ麦パンをのせ、180℃のオーブンで、こげないように気をつけながら乾燥するまで約10分焼く。

2 フライパンに植物油をいれて熱し、中火でベーコンをカリカリになるまで焼き、キッチンペーパーにとって油をきる。ベーコンからでた脂は、そのままフライパンに残しておく。

3 **2**のベーコンをミキサー（またはフードプロセッサー）にかけて細かくし、ボウルに移す。

4 ミキサーに**1**をいれ、ベーコンと同じくらい細かくする。

5 **3**に**4**をいれ、**2**のフライパンに残ったベーコンの脂を少しかけ、全体を混ぜる。

6 耐熱皿に魚を重ならないように並べて植物油（分量外）をぬり、塩少々と黒こしょう多めで味を調える。

7 魚の上に**5**を広げ、200℃のオーブンで約10分焼く（魚を少し切って身が乳白色になればOK）。

8 器に盛り、アスパラガスをそえる。

白身魚とアボカドのオープンサンド

ノルウェー北西部のロフォーテン諸島周辺には
豊かな漁場が広がっていて、とくにタラ漁で知られています。
マダラの一種、スクレイもとれますが、時期はとても短く、毎年1～3月。
このタラとアボカドをのせたトーストはわが家の定番で、ずっと色あせないレシピです。

材料(4人分)

サワーブレッド(スライス)…4枚
タラ(またはスズキ)の切り身…4枚
アボカド(小/熟したもの/皮と種をとって
軽くつぶしたもの)…2個分
トマト(小/乱切り)…2個分
レモンの皮(小/ノーワックス/
表皮のすりおろし)…1/2個分
レモン果汁…1/2個分
ハバネロソース(またはタバスコ)…数滴
植物油…大さじ1/2
タイム、塩、黒こしょう…各適量

memo

○もっとスパイシーに仕上げたい場合、ハバネロソースを多めにふります。

○好みでレモンの皮(すりおろし)と果汁(ともに分量外)を多めにかけてもおいしくなります。

つくり方

1 魚の皮目をキッチンペーパーで軽くおさえて水けをふきとり、塩、黒こしょうをふる。

2 ボウルにアボカド、トマト、レモンの皮と果汁、ハバネロソースを加えて混ぜ、塩、黒こしょうで味を調える。

3 フライパンに植物油をひいて火にかけ、十分に熱したら、魚の皮目を下にしていれ、約5分焼く(身がほぼ乳白色になればOK)。塩、黒こしょうをふり、反対側も軽く焼く。

4 サワーブレッドをこげ目がほんのりつくまでトーストする。

5 **4**に**2**と**3**を順に重ね、タイムを飾る。

サーモンバーガー

北欧といえばサーモン。
アンチョビをあわせて海のバーガーに仕立て
マスタードをぴりっときかせました。
ヨーグルトサラダをそえて、さわやかさもプラス。

材料（4人分）

サーモン（ひと口大に切ったもの）…500g
アンチョビ（フィレ）…2枚
マスタード…小さじ2
ホースラディッシュ…小さじ1
レモンの皮
（ノーワックス／表皮のすりおろし）…1/2個分
パン粉…大さじ3
玉ねぎ
（みじん切りして水にさらしたもの）…大さじ2
ケッパー（水でさっと洗ったもの）…小さじ1
とうがらし（ドライ／粗びき）…小さじ1/2

ヨーグルトサラダ
きゅうり（スライス）…2本分
ギリシャヨーグルト…200mℓ
ディル（細かく刻んだもの）、
あさつき（細かく刻んだもの）…各大さじ2
塩、黒こしょう…各適量

ピクルス、植物油、塩、黒こしょう…各適量
ピタパン、ハーブ、野菜…好みで

memo

○とうがらしのかわりに青とうがらしを使う場合、小さいものを1本、小口切りにします。

○ピクルスは、好みによってきゅうり、ラディッシュ、フェンネルなどを用意。P.112を参照してつくったものも相性抜群です。

○2では、サーモンの食感を残したいので、5㎜サイズを目安に、ミキサーをまわしすぎないようにします。味つけを確認したい場合は、この段階でスプーン1杯分とって焼いてみます。

つくり方

1 ミキサーにサーモンの1/3量、アンチョビ、マスタード、ホースラディッシュ、レモンの皮をいれ、なめらかなペーストにする。

2 残りのサーモン、パン粉、玉ねぎ、ケッパー、とうがらしを加え、塩、黒こしょうで味を調え、ふたたびミキサーにかけ、全体をまんべんなく混ぜる。

3 **2**を4等分してそれぞれ円型に成形し、バットに並べてラップをかけ、冷蔵庫で1〜2時間休ませる。

4 フライパンに植物油を熱し、冷蔵庫からとりだした**3**を並べ、中火で表面にこんがり焼き色がつくまで焼く。ひっくり返して弱火にし、なかに火が通るまでさらに4〜5分焼く。

5 ヨーグルトサラダをつくる。ボウルにすべての材料をいれて混ぜ、塩、黒こしょうで味を調える。

6 器に**4**、**5**、ピクルス、さらに好みでハーブや野菜を盛り、ピタパンをそえる。

ピクルス

ピクルスの醍醐味は酸味。料理の味を高めてくれます。
ピクルス自体のはっきりした味わいのなかにある、ちょっとしたニュアンスも魅力的。
酸味は、スカンジナビア料理にはかかせません。
この本の料理も、ピクルスの酸味をそえることによってより深い味わいに。

きゅうりのピクルス

材料（つくりやすい分量）

きゅうり（スライス）…２本分
塩…ひとつまみ

ピクルス液
　ホワイトワインヴィネガー…100㎖
　グラニュー糖…50g
　塩…小さじ1/2

つくり方

1 きゅうりに塩をまぶして約30分おく。

2 ピクルス液をつくる。小鍋にすべての材料をいれて中火にかけ、沸騰させないように注意しながら、グラニュー糖をとかす。小鍋を火からおろし、そのままおいて冷ます。

3 2に水けを軽くきった1のきゅうりを加え、1時間漬ける。

memo

○エシャロットやビーツなど、どんな野菜やフルーツにもアレンジ可能。フルーツを漬ける場合、ピクルス液は塩を加えずにつくります。

○うまくつくるには、野菜やフルーツを均一に薄くスライスすること（ベリー類は切らずにまるごと漬ける）。厚く切ったり、乱切りにすれば食感はたのしめますが、漬かり具合に差がでてしまいます。

○このピクルスは1日しかもちません。とくにきゅうりは、つくって数時間以内に食べきりましょう。

チェリーのピクルス

材料（1.5ℓのガラスピッチャー1個分）

さくらんぼ…650g

ピクルス液
　赤ワインヴィネガー…500㎖
　水…200㎖
　フルーツシュガー…200g
　オールスパイス（ホール）…３個
　カルダモン…３個
　シナモンスティック…１本
　ローリエ…１枚
　スターアニス…１個
　しょうが（つぶしたもの）…１かけ分
　レモンの表皮（ノーワックス／
　　表皮を細長くむいたもの）…1/2個分

つくり方

1 ガラスピッチャーは煮沸しておく。さくらんぼは洗ってキッチンペーパーなどでよく水けをふきとり、ピクルス液が果肉のなかまでしみやすいように、つまようじで数か所さす。

2 ガラスピッチャーにさくらんぼをいれる。

3 鍋にピクルス液のすべての材料をいれて中火にかけ、ひと煮立ちしたら火を弱め、そのまま５分煮てスパイスの香りを移す。

4 3を2のさくらんぼの上からそそいで熱いうちにふたをし、完全に冷めてから冷蔵庫に入れ、少なくとも２週間寝かせる。

memo

○２週間後から食べられますが、それ以上寝かせたほうが、より風味がまします。

○フルーツシュガーのかわりにグラニュー糖300gを使ったり、さくらんぼのかわりに旬の小さめのプラムでつくってもOK。

○さくらんぼのほどよい酸っぱさ、スパイシーさ、フルーティーさは、サラダや鹿肉の燻製、ジビエ料理と相性抜群。

100 % naturel.
de kraft brun.
100 % Ecographik
Ne le jetez pas.

第6章

住まいとデザイン

北欧の暮らしは自然によって導かれてきたため、住まいとそのデザインも自然がお手本。時代や国境を越えて高い評価を受け、支持され続ける北欧の住まいとデザインの秘密を解き明かしながら、その魅力についてお話ししましょう。

流行を追う必要はない

シンプルに、シンプルに、シンプルに

わたしたちは、さまざまな利器を活用することにより、便利に暮らすことができるようになった反面、ささいなことでみずからをすり減らしています。そしてすぐにストレスフルな状態になる環境で生きています。身のまわりを見直し、いらないものは捨てて、時代に左右されない本当に必要なものだけを手元に残して暮らしていきましょう。

流行を追い、消費し、一番であろうとがんばりつづけなくていい。プレッシャーから自由になりましょう。

現代的な生活のなかで、むきになって疲れはてる必要などありません。

シンプルに、シンプルに、シンプルに。ヒュッゲの精神で心も体も軽くして生きていきましょう。

時代を越えて愛用できる
デザインと高いクオリティ

必要なものを長く愛用したい人がふえているからでしょうか、北欧デザインのプロダクトが人気です。

たとえば、アルネ・ヤコブセンの名作エッグチェア。この卵のようなフォルムのひとりがけソファは、もとは1958年にコペンハーゲンのラディソンSASホテルのためにつくられたもの。

北欧の建築家やデザイナーの多くは、独自の解釈とスタイルでイスという小さな家具を生みだしていて、北欧には美しいデザインのイスがたくさんあります。

巨匠ハンス・ウェグナーのザ・チェアも不朽の名作。1960年のアメリカ大統領選の際、史上初のテレビ討論会でジョン・F・ケネディとリチャード・ニクソンがすわったイスとしても知られています。

『ロンドン・デザイン・ガイド（London Design

Guide)』の編集長マックス・フレイザーは、北欧デザインのイスのなかで、ポール・ケアホルムのイージーチェアのレザーPK22を「エレガントですわり心地がよく、一切無駄のないフォルム。年を重ねて風あいをますレザーも魅力」だと評価しています。

時代を越え、長もちするように考え抜かれた美しいデザイン、そして長く愛されるシンプルなデザインこそが北欧デザインに共通して見られる特徴です。

また、北欧のテキスタイルやハンドクラフト製品が醸しだす、あたたかみのある雰囲気も魅力のひとつ。

たとえばニット。デンマークで大ヒットしたミステリードラマ『The Killing／キリング』で主人公の女性刑事サラ・ルンドが着ていたセーターは、今ではサラ・ルンドのセーターとかキリングのセーターと呼ばれるほど人気で、伝統的なノルディック柄のほっこりとした雰囲気が魅力。

フェロー諸島の手編みニットウェアブランド、グドゥルングドゥルンのもので、このセーターには、印象的なできごとがありました。それは、かつてわたしがロンドンで運営していたサパークラブで、同作品シリーズの最終回を記念したブランチイベントを企画したときのこと。

ドラマのセーターにちなみ、お気にいりのセーターをドレスコードにしたところ、サラ・ルンドと同じセーターを着たゲストがあらわれ、大きな注目を集めました。ところが、そのあと明らかにお手製とわかる同じ柄のセーターを着たゲストが来場したとたん、先のゲストの影が薄くなってしまったのです。見た目にはなにもかわらなかったのに、長時間かけて編まれたセーターにはおよばなかったのでした。

わたしにもお気にいりのニットがあります。ノルウェー西部のニットブランド、ダーレのセーター。90年代の半ばに買ったものです。

でもなによりも大切な一枚は、ノルウェー伝統のマリウス柄を編みこんだ手編みのセーターで、父が60年代にアメリカの大学へいく際に、祖母が編んだもの。父から引き継いで着ていますが、今でも新品のような状態です。毛糸から丁寧に選んでつくられるセーターはあらゆる意味で別格なのでしょう。

モダニズムに代表される建築の魅力

建築に興味のある人にとっては、北欧のモダニズム建築も魅力的。

フィンランドの建築家アルヴァ・アアルトの代表作、マレイア邸は、1939年に同国のノールマルックに建てられた個人の住宅。1933年に完成したパイミオのサナトリウムは、もともとは結核療養所で、現在はリハビリ施設として使われています。

建築と家具や照明が一緒にデザインされていて、『アーキテクチュラル・ダイジェスト（Architectural Digest）』が20世紀の最高傑作としたことで、北欧のモダニズム建築が注目されるきっかけになりました。

グンナール・アスプルンドのストックホルム市立図書館も建築ファンに支持され、世界の図書館ランキングでたびたび上位にランクインする傑作です。

アスプルンドは、1920年代に隆盛したスウェーデンのものづくりを世界に知らしめた立役者で、彼が携わった1930年のストックホルム万博により、北欧デザインは一気に世界全体に広まりました。

スウェディッシュ・グレース

使いやすく、実用的で、

人の心をあらわす美しさ

20世紀前半に活躍したイギリスのジャーナリスト、

フィリップ・モートン・シャンドは、1925年のパリ万博に出展されていた北欧デザインのプロダクトを「スウェディッシュ・グレース(スウェーデン的な優美)」と表現して称賛しました。

この万博は、20世紀の北欧デザインに影響を与え、このあと、北欧デザインのムーブメントが起きますが、それには、20世紀はじめに教育の尊さを説いた教育学者エレン・ケイの影響もあります。

ケイは、「美とは使いやすく実用的で、目的にあった形のこと。そしてつくり手と使い手双方の心をあらわすもの」とし、美しいものは家庭から生まれ、美しい居住空間をつくる力はだれにでもあり、すぐれたデザインはすべての人に与えられていると考えました。

素朴さとぬくもりのある風景

エレン・ケイと同時代を生きたスウェーデンの国民的画家、カール・ラーションも北欧デザインに影響を与えました。ラーションのあたたかみのある作風は、北欧の美意識の基本。

画集『わたしの家』に収められた「片隅で」「前庭と洗濯小屋」「窓辺に置かれた花」などに見られる、古きよき時代をしのばせる素朴でぬくもりのある暮らしの風景に、北欧の人々はみなあこがれをもって育つといってもよいでしょう。

手にはいりやすくなった北欧デザイン

英語圏で最も秀でた美術評論家として知られるアンドリュー・グレアム=ディクソンは、スウェーデンのアートを「みんなのためのデザイン」だと語りました。

たしかに北欧デザインは、世界で身近なものになりましたが、その一端をになっているのがイケアでしょう。世界に進出し、北欧デザインを広めています。

本質まで洗練されたデザイン

大自然の永遠の美しさと北欧の人々の気質を反映したものづくり

北欧の人々は身のまわりにあるもので、季節を問わずヒュッゲな生活空間をつくりあげてきました。

北欧諸国の暮らしは自然によって導かれているため、地形と季節に恵まれた大自然が放つ、永遠の美しさもまた、北欧デザインに深く根づいています。

同時に北欧の人々は、美しいだけではなく、厳しい気候に順応して暮らしてきたため、建物ががっしりしていたりと、タフで厳しく、まじめな国民性もデザインに反映されています。

デザインとインテリアが専門の文筆家エリザベス・ウィルハイドは、著書で次のように書いています。

「住みにくい環境を暮らし抜くために、北欧の人々はかぎられた資源を有効利用し、一番無駄のない方法を編みだすための知恵を身につけてきました。北欧のものづくりでは、これはとても大切な流儀であり、常識でもあります。『形態は機能に従う』というモダニストのモットーが生まれるずっと前から、スカンジナビアの職人が同じ信念をもっていたことは、彼らがつくった優れた日用品の数々を見ればわかります」。

北欧らしさを失わないスタイル

北欧インテリアをあつかうネットショップ、アットピンタ（attpynta.com）のカイ・プライスとアマンダ・ネルソンに、北欧デザインの魅力をたずねたところ、しっくりくる答えが返ってきました。

「北欧にはずっとかわらない美の要素があります。すっきりとしたプロポーション（ライン）が特徴で、どこか現代的。北欧デザインでは見た目だけではなく機能性が重視されて、これが人を惹きつけるのでは。機能が大切にされているので時を経ても古くさくならない。北欧の美とは、なにかをつけ加えたり削ったりしても、北欧らしさを失わないスタイルのことです」。

美とは機能と形の調和

スタイリッシュでありながら機能的で気どらない北欧のプロダクトには、フィンランドの世界的建築家アルヴァ・アアルトの「美とは機能と形の調和だ」という言葉がぴったり。北欧の美を一言で表現しています。よいデザインは、北欧の歴史に深く根づいていて、北欧の人々そのものともいえるでしょう。

スタイルを問わず洗練されたデザイン

北欧デザインの歴史についてまとめた著書のある、マグナス・イングルンドによると、ややアヴァンギャルドなフィンランドデザインがあって、その対極にデンマークデザインがあり、スウェーデンデザインはフィンランド寄りで、ノルウェーデザインはデンマーク寄り。フィンランドデザインは少し解釈が難しくて、デンマークデザインは親しみやすいのだとか。

これは一般的な話で例外もあり、はっきり線引きできることではありませんが、いずれにせよ、建築とデザインの愛好家のだれもが、北欧のデザイナーとデザインをこぞって褒めたたえていることに違いはありません。『ロンドン・デザイン・ガイド（London Design Guide）』の編集長マックス・フレイザーは、北欧のデザインの魅力をこう語ります。

「北欧デザインの魅力のひとつは、余計なディテールがないこと。そして機能的ですっきりしたシルエット。また素材をとても大切にし、木などさわり心地のよい自然素材が使われていること。しっかりデザインされて大胆な色やフォルムが使われていても、どこかひかえめ。本質まで洗練されたデザインなのです」。

今日あるものを、よりよいものに

北欧デザインの根源にある大切な要素は、これまでお話ししてきた自足の精神です。消費文化に失望した人々の心に響く理由もここにあるのでしょう。

便利になりすぎたからこそ、古くなったり使わなくなったものを新たな価値に高める「アップサイクル（もとよりよいものにする）」という考えが生まれたのかもしれません。「古いものを修理して使う」という祖父母世代の清貧な精神のおかげでもあります。

インスタグラムやピンタレストを見ると、ちょっとした工夫でおしゃれに生まれかわるアイデアがたくさん。かぎられた資源をただ浪費するだけでなく、意味のあることをしたいとだれもが考えているようです。

北欧のデザインの特徴

∞機能的でありながら、スタイリッシュ
∞メリハリのある
　異素材の組みあわせや色づかい
∞ミニマルでありながら、あたたかみがある
∞木や石、毛皮やウール、ガラスなど
　自然素材が中心
∞湖やフィヨルド、山、滝、森、海、氷、炎など、
　有機的な形にインスピレーションを受けている
∞親しみやすく、お手頃価格なものも
∞あたたかく居心地のよい雰囲気をだすために、
　いろいろな形で光が使われる
∞熟練の職人技を大切にしている
∞新しいものと古いものが調和し、根底に
　デザインはよい人生に不可欠という考えがある
∞派手すぎたり、見せびらかすデザインではない

わが家をヒュッゲな空間に

どこでもできるヒュッゲな暮らし

ヒュッゲな家にするにはどうしたらよいでしょう。まずは、家のくつろげる場所を考えてみて。

ほのめくキャンドルのやわらかい光に照らされながら、ケーキをゆっくりたのしめる場所でしょうか。そんな家だったらだれもが住みたくなるはず。大きくて豪華だったり、過度な飾りは不要です。

北欧デザインのエスプリは、気どらないこと。見せびらかすための消費に意味はありません。

ヒュッゲはとても小さな空間でもつくりだすことができます。アパート暮らしでも小さな部屋をシェアしていても、どこでだってヒュッゲな環境をつくれます。

大切なのは、理想の家のイメージを描きながら、自由な心で身のまわりのものをよく見てみることです。

まずは自分に問いかけてみて

はじめに部屋のなかをじっくりと観察しながら、自問自答してみましょう。

くつろいだ気分になれますか、わけのわからないものがありませんか、窓は汚れていませんか、日の光が差しこみますか、いつペンキをぬりなおしましたか。

大々的に模様がえをしなくても、大掃除をするだけでも効果があります。

ごちゃごちゃした見た目がすっきり整い、居心地のいい空間が生まれるのですから。

そんなことも手伝って、北欧の人々は部屋をきれいにすることに関してちょっとうるさいかもしれません。また多くの人が、「部屋がきれいだと心もきれい」だと考えてもいます。

だからといって、「なにもかもきちんと、いつでもピカピカであるべき」という強迫観念にとらわれない

ように。

これはむしろ真逆の観念。生活にちょっとしたヒュッゲのエスプリをとりいれることが大切なのです。

掃除はアクティブになるきっかけのひとつ

ただし、ちょっとがんばって散らかった部屋を片づけたら、それだけの価値があります。

掃除自体がヒュッゲのポイント、アクティブに過ごすアクションのひとつで、体を動かせば一日を生き生きと過ごせるのですから。

また、健康や体の調子は、ヒュッゲらしい住まいにも左右されます。掃除がいきとどかずに家が不衛生だったら、気持ちまで暗くなってしまうでしょう。

わたしの場合、家を掃除するとワクワクと幸福感に包まれます。きれいにしておくと家自体の状態もよく、いいことずくめ。気持ちよく暮らすことができます。

デューグナッドで大掃除

どうしてもひとりで掃除をするのが大変だというなら、みんなで行うイベントにしてしまいましょう。

週末に家族や友だちを集めてランチを振る舞うかわりに、一緒に家をきれいにするのです。インテリアに対する客観的な意見をもらうこともできます。

ノルウェーには、「デューグナッド（Dugnad）」という言葉があります。

古代ノルウェー語で「人々がボランティアで、地域や近隣の人たち、個人のために、互いに動くこと」で、実際に春にこの日がもうけられ、地域の大掃除をします。みんなが得するいい習慣です。

ここでのヒュッゲは、自分自身の家をきれいにすること、仲間と協力すること。

デューグナッドの習慣は、後世に大きな影響を与えたフランスの社会学者マルセル・モースの考えを思い起こさせます。モースは社会の連帯にとって相互交換がいかに重要であるかを説きました。

人間は社会的な生きものであるため、与えられたらお返しをするのが基本。

まわりの人が地域の掃除をしようと考えていたら協力しましょう。

そうした行為が、人々とのよい関係を持続させます。おまけによいことをすればそれだけで気分がよくなり、チームで片づければ、時間もそれほどかかりません。

部屋の主役を考える

さぁ、いよいよインテリアのお話です。

なにを主役にするか、家具やオブジェ、照明など、アイテムのなかで一番目立たせたいものはどれか、組みあわせはどうするかを考えましょう。

意外なものがすてきに見えてくるかもしれません。

壁の色からイメージ

壁の色は部屋のイメージを大きく左右します。家具やスタイルにあっているでしょうか、壁紙はくたびれていませんか。部屋を生まれかわらせるのは、大変なことではありません。

壁は北欧風だからといって、なにもかも白である必要はありません。むしろ白一色だと病院をイメージしてしまうこともあります。

木の色と対照的なグレーやペールブルー、グリーン、そして意外にもペールピンクや黄色もおすすめです。とくに黄色はぱっと明るくなるので子ども部屋向き。

ほっとできて幸せな気持ちになれる色をいくつか選んだら、家具との組みあわせをイメージしましょう。

壁の色が決まったら次は部屋ごとのテーマ。適当に新しいものを買って模様替えをするのではなく、時間をかけてどんな家にしたいかを考えてみましょう。

自然に寄りそって工夫する

どうやってヒュッゲな住まいをつくるかを考えていて、ノルウェーに生まれ育ったことが、どれだけ恵まれたことなのかにあらためて気づかされました。

北欧にはシンプルでよいデザインの家や建物が多く、室内もきれいで清潔感があります。

わたしの家の場合、バスルームにタイルが張ってある以外はフローリングでした。

長く寒さの厳しい冬には寒そうに思えるかもしれませんが、足が冷えないように床暖房をいれれば問題ありません。

家の中央には白いタイルのストーブをおき、床暖房とあわせて部屋全体をあたためていました。

こうしたストーブは、スウェーデン語で「カケルウグン（Kakelugn）」、ほかの北欧地域では「カヒェオルフェン（Kachelöfen）」と呼ばれ、少しの薪ですぐあたたかくなるので、暖房代も気になりません。

このように、各家庭で暖をとるためにいろいろな工夫をしていますが、わが家ではさらに小さなサウナを設置し、寒くてこわばった体を早くほぐせるようにしていました。

サウナは、体をあたためるだけでなく、一日中忙しかったり、スポーツをたのしんだりして、クタクタになった体の疲れをとることもできるので、よく使っていたことを覚えています。

また、自然を簡単に暮らしにとりいれるには、庭をつくるのが一番ですが、わが家は山腹に建っていたので庭はありませんでした。

しかし、両親は高山植物やハーブで岩庭するなど工夫をしていました。自然に逆らうのではなく自然に寄りそい、身近にあるものを有効利用。

これはヒュッゲらしい住まいを実現するための工夫や演出のひとつです。

いつでも清潔に

カーペット追放

北欧の人々には、理解できないことがあります。それは、ほかの国ではなぜカーペットが重宝されるのかということ。ともすれば、全部の部屋にカーペットがしいてあることでしょう。

北欧で生まれ育った人間にとって、せっかくのきれいな床にカーペットをしくなんてとんでもないこと。こまめに掃除機をかけたり、徹底的に掃除をしないかぎり、ほこりやバクテリア、カビのせいで清潔とはいえません。健康のために、ちょっと汚いものにふれて免疫力をあげようなんて考えてもいないはずなのに。たしかに、庭仕事や土いじりをして手を汚すのは、免疫力アップにつながるようですが、それとは話が違います。

北欧らしい、ヒュッゲなエスプリの美しい住まいを実現するには、「きれい好きは敬神に次ぐ美徳」が鉄則。つまり、水と洗剤でいつでもきれいに掃除できる床にしておく必要があります。

ほかの国の友だちは、「カーペットはあたたかいし、気持ちがいいよ」といいますが、わたしは靴下とスリッパをはけばいいと思ってしまうのです。

北欧では家で靴をはかない

家のなかで靴をはいたままでいる習慣も、北欧の人々には理解できないこと。部屋でも靴をはいているのは、不潔極まりないとみなされます。

フローリングやタイルの床になにもしかないのがどうしてもがまんできないなら、洗えるラグマットや毛皮をしいてみるというのはどうでしょう。空間に質感とニュアンスが加わり、あたたかみもでます。

ヒュッゲらしい住まいをつくるには

ヒュッゲらしさを演出する7つのステップ

世界のどこにいても、ヒュッゲな空間はつくれます。ここではそのコツをご紹介しましょう。

1 小さな光をとりいれる

まず光を上手にとりいれることが必要。

夜、明かりをつけるとき、強い光の照明をひとつつけるかわりに、小さな照明をいくつかつけてみて。明るさを段階調節できる、調光機能つきの照明だとさらに効果的。照明をかえるだけで落ち着いた空間に。

2 キャンドルをともす

キャンドルはヒュッゲにかかせません。外がどんよりと暗いとき、キャンドルをともせば薄暗い部屋の雰囲気が明るくなって、炎が心もあたためてくれます。そして机に向かっているとき、読書をしているとき、お風呂にはいっているときなど、北欧の暮らしには常にキャンドルの光がゆらめいています。

部屋それぞれの雰囲気にあわせたり、気分をかえたいときのために、形や色の違うシンプルなキャンドルホルダーをいくつかそろえておくとよいでしょう。

ひとつの部屋に飾る個数は奇数がベストです。

ティーライトキャンドルをじかにおくときには、服に火が移らないように気をつけて。

3 ファブリックとテキスタイルで心地よく

北欧スタイルを手軽に演出し、質感も加えられるアイテムが、北欧のファブリックとテキスタイルです。

スローケットやシープスキン、柄もののクッションは、部屋にやわらかさをもたらし、より心地よい生活空間をつくってくれます。

これまでにもふれたように、北欧の人々は冬をおそれずに受けいれます。室内でヒュッゲをたのしむには、冬とは長くて暗いものだと認めることです。

あたたかいウールのセーターを着こんで、ブランケットにくるまって、ぬくぬくと過ごしましょう。

4 いつでも植物を身近に

室内に自然の要素をとりいれましょう。

デンマークの建築家でありデザイナーのアルネ・ヤコブセンは、ガーデニングが好きでデザインによくとりいれていました。

これは効果的で、よく使われるテクニックです。

おすすめは常緑植物。とくに多肉植物はサイズや形もたくさんあり、飾っておくだけで部屋がおしゃれな雰囲気になって、育てるのも簡単です。

ただしルールがふたつあります。

キャンドル同様、必ず奇数にすること。まめにほこりをとること。

また、古い植木鉢も色をぬりかえるだけで、見違えるほどすてきに。手間はかかりますが、銅や銀のガラス絵の具でぬれば、メタリックな輝きが美しく、優雅な雰囲気をたのしめます。

5 季節の花を飾る

ちょっとしたものでいいので、季節の花を飾りましょう。部屋に季節感が生まれてワクワクします。

ポイントは、一種類の花でまとめるか、違う花なら同系色でそろえること。

色とりどりのカラフルなブーケは、部屋をちょっぴりおおげさな雰囲気にしてしまうことがあるので注意しましょう。

フラワーベースも重要。自分らしく花が生けられて、すてきなオブジェにもなります。

フィンランドのデザイナー、タピオ・ヴィルカラがローゼンタール社のために1977年にデザインしたペーパーバッグベース（paper bag vase／トゥトエン）は魅力的ですが、高価なものでなくても大丈夫。いくつか違った形やサイズをそろえて一緒に並べれば、すてきなディスプレイになります。

6　身のまわりに本を

家のなかでくつろぐときにぴったりだからでしょうか、北欧の人々は読書が大好き。多くの家が本をたくさんもっています。

本をおくスペースがかぎられるなら、壁にとりつける収納棚コンシールシェルフがおすすめ。

見せる収納でディスプレイします。お金をさほどかけずともいいものが見つかるはず。

予算も場所もたっぷりあるなら、小さなライブラリーをつくっても。

階段まわりやダイニング、ちょっとした空きスペースを利用して専用のコーナーをつくるのもおすすめ。コーナーをいくつかつくるなら、ジャンルごとにわけると便利です。

7　古いものと新しいものを組みあわせる

古いものは、新しいものと組みあわせることで、いつまでもたのしむことができます。

家族や友だちとの大切な思い出の品を飾れば、新品のインテリアアイテムのよそよそしさもとりはらってくれるでしょう。

また、無意識のうちに美しいものに囲まれていたことに、あらためて気づかされるかもしれません。

普段なにげなく使っていた食器やカトラリー、友だちにもらってきれいだなと思ったグリーティングカードや絵はがきなどがインテリアにとけこんで、意外な効果をもたらすことがあるのです。

ヒュッゲなアイテム探しのヒント

最後に、北欧デザインのすてきなアイテム探しのヒントとして、北欧デザインのエキスパート、『ロンドン・デザイン・ガイド（London Design Guide）』の編集長マックス・フレイザーと、北欧デザインの歴史についてまとめた著書のあるマグナス・イングルンドがおすすめする北欧のデザイナーやブランド、アイテムをご紹介します。

大切なのは、シンプルで家族や友だちと一緒にくつろげる心地よい空間をつくること。ここに登場するものは、マストアイテムではありません。

∞マックス・フレイザーのおすすめ

○デザイナー

クラーソン・コイヴィスト・ルーネ（スウェーデン）、インゲヤード・ローマン（スウェーデン）、ハンス・J・ウェグナー（デンマーク）、ポール・ケアホルム（デンマーク）、アンドレアス・エンゲスヴィック（ノルウェー）、アンデシェン&ヴォル（ノルウェー）、ヴェラ&カイト（ノルウェー）

○ブランド

オレフォス（スウェーデン）、スウェデッセ（スウェーデン）、イッタラ（フィンランド）

∞マグナス・イングルンドのおすすめ

○スツール60

ル・コルビュジエとともに世界中から高い評価を受け、家具から日用品にいたるまですぐれた作品を多数残したフィンランドの建築家アルヴァ・アアルトが、1935年に家具のブランド、アルテックを立ちあげる前、1932年から翌年にかけてデザインしたイス。名だたるアアルト作品のなかでも名作で、ソファやベッドの脇においてサイドテーブルがわりにしたり、オットマンとしても使えます。

スタッキング可能で、普段は重ねて収納し、必要なときにもちだしても。

○ティーマシリーズの食器

1940年代後半から50年代前半にアラビア社で製造されていたキルタシリーズをもとに、フィンランドのデザイナー、カイ・フランク自身が手を加えた食器シリーズ。1977年から3年間はアラビア社、そのあとはイッタラ社が販売。

耐熱性で丈夫で、鮮やかなカラーバリエーションは、北欧インテリアにもぴったり。

昔は日常づかいとは別に、特別な日のための食器をそろえましたが、カイ・フランクはこのシンプルで美しい食器たちを提示することで、その古い考えを一新。

料理の映える真っ白なキャンバスとして、料理人からの評価も高く、熱い支持を集めています。

美しくて、流行に左右されることのない、ヒュッゲなキッチンにふさわしい逸品です。

○チューリップテーブル

20世紀を代表するフィンランドの建築家エーロ・サーリネンがデザインしたラウンドテーブル。

機能的な北欧デザインとミッドセンチュリーアメリカンテイストが見事に融合し、4本脚のテーブルのまわりに人がたくさん集まっても、イスの脚とテーブルの脚がぶつかりあわないようにデザインされています。

1本脚のしっかりした土台に天板がのっているので驚くほどシンプルなデザイン。あらためてサーリネンのすごさを感じる傑作です。

天板は、大理石か無地の白が選べて、どんなアイテムや空間にもマッチ。アアルトのいう「機能と形の調和」そのものといえる逸品です。

まとめ

自然が放つ永遠の美しさを暮らしにとりいれてきた

∞北欧の美はスタイリッシュでありながら機能的。長く愛されるデザイン。
∞インテリアから日用品まで、使いやすく実用的でありながら
美しいデザインのものを選び、長い間大切に使う。
∞シンプルで心地よい、ぬくもりのある空間を目指す。
∞自分らしく過ごせることが一番で、流行を追う必要はない。

世界のどんな家でもヒュッゲな空間につくりかえられる

∞整理や掃除もアクティブに過ごすことのひとつ。こまめに行い、居心地よくする。
∞光を上手に使って。ときにキャンドルのあかりをたのしんで。
∞北欧のファブリックやテキスタイルをとりいれる。
∞身近に植物をおき、花を飾る。
∞くつろぎの時間をたのしむために、本を身のまわりにおく。
∞思い出の品など、古いものを新しいものと上手に組みあわせて部屋に飾り、
いつまでもたのしめるようにする。新しいものを空間になじませる役割も。

ヒュッゲな暮らしをはじめましょう

この本を読みおえて、ヒュッゲについてよく理解できたのではないでしょうか。

今日から少しずつでもとりいれてみれば、自然体で生きる自分を感じられることでしょう。

自然の歩みに寄りそって生きよう

できるだけ自然のなかで過ごす

∞体も心もリフレッシュさせて。

∞自然のなかで自分と向きあえば、自分にできることや、なにが大切で、豊かさとはどういうものかがわかる。シンプルに考え、シンプルに暮らして。

自然の恵みに感謝する

∞自然の恩恵を受けて、ありのままに今を生きることに誇りをもって。

∞家族や友だちと集う時間を大切に。思いやり、わかちあえるよろこびを感じて。


身近なことから自然とふれあい、時間があればアウトドアへ

∞無理をせず、ガーデニングや散歩など、できることからはじめて。

いくつになっても常にアクティブに暮らそう

たのしむときはとことんたのしむ、食べたいものはがまんせずに食べる

∞バターもチョコレートも好きなだけ食べる。ただし、忘れずにバランスもとって。

休みの日はアウトドアへ

∞自然のなかで、心と体の元気をチャージ。静かに瞑想するのもおすすめ。

∞まわりの環境や人とのつながりに目を向けるきっかけにも。

∞自分の人生や、日常のささやかなことによろこびを見いだして。

たのしいという思いを大切に、

ハッピーになれるスポーツや体の動かし方を見つける

∞アクティブに動けば、自分に自信がもてて、いつでも自分らしくいられる。

∞やせることやスタイルのよさをもとめるのはナンセンス。

∞心と体の健康のために体を動かす。北欧では体型をだれも気にしないし、強い体が一番。

∞できることを行い、気のすすまないことはしないでOK。

自立して暮らそう

身近なことからスキルを身につけ、できることは自分でする

∞自分でできることは自分で。質の高い豊かな暮らしにつながる。

∞無理は禁物。ささいなことから持続可能な範囲で。

料理をすることから豊かな暮らしを

∞安全な食材をシンプルに調理して、ゆっくりと食べるのが、豊かな食の基本。

∞がんばりすぎないように。忙しいときはストックやデリ、レストランを活用して。

∞自分のために、だれかのために料理をし、おいしい食事をともに味わえる幸せを感じて。

∞みんなで集まってコーヒーとお菓子をたのしむフィーカの習慣は、心と体の回復や人と人との絆を強めるのに役立つ。

∞スウェーデンでは会社でも毎日フィーカの時間をたのしむ。

∞大事なのはたのしい雰囲気、居心地のよさ、つくって味わうよろこび。

∞お酒は酔うためのものではなく、料理を味わうため、人とたのしく過ごすためのもの。

∞北欧ではお酒と同じく歌も重要なエッセンス。

自分が心地よいと思う環境を整えよう

居心地よく自分らしくいられる空間をつくる

∞美しい居住空間はだれでもつくることができ、たのしめる。
∞流行を追う必要はなく、自分らしくいられる空間が一番。
∞整理や掃除をするだけでもＯＫ。

シンプルでミニマルでありながら、あたたかみのある北欧風の空間を

∞木や石、毛皮やウール、ガラスなど自然素材のものをとりいれる。
∞北欧のファブリック、テキスタイルをプラスする。
∞光やキャンドルを活用する。
∞身近に植物や花を飾る。
∞くつろぎの時間にかかせない本も忘れずに。
∞思い出の品など、古いものを新しいものと上手に組みあわせる。

さぁ、あとはヒュッゲな暮らしを満喫するだけ。とことんたのしんで。

謝辞

出版エージェント「ソフィー・ハイクス・エージェンシー」の担当者、サラ・ウィリアムズとロンドンのノーブル・ロット・バーで飲む機会がなければ、この本は生まれていなかったでしょう。ありがとう。本書の制作に携わってくれた以下のスタッフに感謝します。パワーポイントの最初の企画書づくりから、最終校正まで、すばらしいプロの仕事ぶりでした。キャロル・トンキンソン、オリヴィア・モリス、ロレーン・ジェラン、ジャスティン・アンヴァイラー、ジョディ・マリッシュ、ジェシカ・ファールギア、シャルロット・ヒール、リンダ・バーリン、アリス・ハート、ナディラ・V・パーソード、ケイコ・オイカワ。また、ロケにすてきな家を提供してくれたジェーン・カンバーバッチにもお礼を申し上げます。ヒュッゲというテーマに対して、貴重な意見やアドバイスをくれた以下のみなさまにも感謝します。スカンディアムのマグナス・イングルンド、サラ・マルム、トレーシー・コックス博士、シャルレーン・ハッツボー、ダイアナ・ヘンリー、エバ・アケルマン、マックス・フレイザー、ケルとジャクリーン・スコット、ピンタのカイ・プライスとアマンダ・ネルソン。生活に関するさまざまなスキルに対しての考えを述べてくれた以下の方々にも感謝を。ニーム・シールズ、エラナ・ウィルソン・ロウ、リチャード・グレイ、リン・クラークス、ナターシャ・カタリーノ、ウェン・リー・ソー、カビータ・ファヴェル、クレール・ネルソン、ジャンヌ・ホラック=ドゥルイフ、キャサリン・フィップス、ミミ・エイ、ダミアン・バー、エリサ・マッギー、ルイーズ・マーストン、ジョン・シールズ、アニー・グレイ、フェリシティ・スペクター、リチャード・バーティネット、ケイティ・ブリュイス、ジョアン・ダラミー、マット・スミス、レベッカ・ベビントン=スミス。ジェイソン・アレクサンダーのスローライフに関する報告書。ずっと支えてくれた家族と仕事仲間。食や生活、お酒についてたのしく意見交換してくれたことに感謝。フィオナ・ベケット、アーロンとキャロリン・ローゼン、ニナ・カダン、モーニカ・ガワーダン、ケイトリン・ソリマイン、カミーラ・バーナード、ジュディ・ジュー、ハナー・フオーショー、ガブリエル・ヘイルズ、ダナ・エルマラ、アレグザンドラ・ヘミンスリー、アイラーナ・ケイメルマッチャー、サラー・ブラウン、レイチェル・マッカーマック、アニー・グレイ、デニーズ・メドラーノ、デボラ・リチャードソン、セイン・プリンス、サラー・チェンバレン、ヨン・スピテリ、ケイ・プランケット=ホッジ、ローンとエイミー・ソマービル、パースホーン出版、ブームサイクルのスタッフ、そしてソーホー・ファームハウスのメンバーであるジェームズ・リンドン、サーシャ・モーガン、マンゴ・ウェンバン=スミス。そして、たくさんのケーキを試食して意見をくれた、39 エセックス・チェンバーズのメンバー諸氏。最後に、そして忘れてならないのは両親への感謝。母ジェーン・エメラルド・アレクサンダーと、父ヤン・ヨハンセンは、わたしにヒュッゲのすべてを教えてくれました。

著者プロフィール

シグナ・ヨハンセン

ケンブリッジ大学で考古学と人類学を修学後、ロンドンのリーズ・スクール・オブ・フード・アンド・ワインで料理とワインを学ぶ。イギリス各地の有名レストランで経験を積み、ロンドン大学のSOAS食研究センターで修士号を取得。食やレストラン関係の本を手がけるなか、北欧の食文化とレシピを紹介したシリーズ本『おいしい北欧（Scandilicious）』は高い評価を得ている。女性がもっとウイスキーやスピリッツをたしなむようにという活動「スピリティッド・ウイメン」の共同オーガナイザーでもある。近年、イギリスのテレビやメディアにも多数出演するなど、マルチに活躍。
Twitter ; @SigneSJohansen
Instagram : signesjohansen

HOW TO HYGGE
The Secrets of Nordic Living
by Signe Johansen

First published 2016 by Bluebird,
an imprint of Pan Macmillan,
a division of Macmillan Publishers
International Limited

20 New Wharf Road, London N1 9RR
Associated companies throughout the world
www.panmacmillan.com

Photography chapters 4–6 (P68-69) and pages 4 (P46), 20, 33, 53, 158–9 (P120-121), 177, 191
© Keiko Oikawa, 2016

Image Credits
Alamy p.178; Jonas Anhede pp. 8–9 (Jacket, P2-3), 26–7, 28 (P10), 34, 48 (P38-39); Author's own pp. 31, 38, 207; Tessa Barton pp. 180-181; Linus England pp. 10, 14 (P26); Getty Images pp. 19 (P23), 46–7 (P54-55); Beth Kirby pp. 187, 188 (P86), 192 (P96-97); Louise Ljunberg p. 60 (P66); Erik Lolies p.2 (P5); Holly Marder pp. 160 (P129), 164 (P84-85), 171 (P122), 172 (P123), 182 (P59), 200-201 (P113); Morten Nordstrom p.41 (P28); Andrea Papini p.194 (P114)
Pan Macmillan does not have any control over, or any responsibility for, any author or third-party websites referred to in or on this book.

A CIP catalogue record for this book is available from the British Library.

Publisher Carole Tonkinson
Editor Olivia Morris
Project Editor Lorraine Jerram
Art Direction & Design CHD
Prop Styling Linda Berlin
Food Styling Alice Hart

Japanese translation published by arrangement with Macmillan Publishers International Limited through The English Agency (Japan) Ltd.

This Japanese edition was produced and published in Japan in 2017
by NIHONBUNGEISHA Co.,Ltd.
1-7 Kandajinbocho, Chiyodaku,Tokyo 101-8407, Japan
Japanese translation © 2017 NIHONBUNGEISHA Co.,Ltd.

Japanese edition creative staff
Translation : Rika Shibata
Editorial supervisor for recepi : Motoko Doi
Text layout and cover design : Shoko Nakayama
Editor : Masayo Tsurudome
Publishing coordinator : Naomi Kakuda (NIHONBUNGEISHA Co.,Ltd.)

ISBN 978-4-537-21531-1
Printed in Japan

日本語版制作スタッフ
翻訳：柴田里芽
レシピ監修：土井始子
組版・デザイン：中山詳子
編集：鶴留聖代

HYGGE《ヒュッゲ》
北欧《ほくおう》が教《おし》えてくれた、
「ヒュッゲ」な暮《く》らしの秘密《ひみつ》

2017年11月30日　第1刷発行
2018年 3 月20日　第2刷発行

著　者　シグナ・ヨハンセン
発行者　中村 誠
印刷所　図書印刷株式会社
製本所　図書印刷株式会社
発行所　株式会社日本文芸社
〒101-8407　東京都千代田区神田神保町1-7
TEL 03-3294-8931（営業）03-3294-8920（編集）
Printed in Japan 112171101-112180309 Ⓝ02
ISBN 978-4-537-21531-1
URL https://www.nihonbungeisha.co.jp/